LA BÚSQUEDA DEL PORQUÉ
EN EL FÚTBOL

Gabriel Gómez Stradi

La busqueda del porque en el futbol / Gabriel Stradi - 1a edición
LIBROFUTBOL.com, 2022.

110 páginas; 15,2 x 22,9 cm.

ISBN 978-987-8943-32-9

1. Fútbol.
CDD 796.33402022

La busqueda del porque en el futbol de Gabriel Stradi	
Cubierta: Luciano Medvetkin	Fotos: © Gabriel Stradi
© 2022 – Gabriel Stradi © 2022 – LIBROFUTBOL.com	Todos los derechos reservados
No se permite la reproducción parcial o total, el almacenamiento, el alquiler, la transmisión o la transformación de este libro, en cualquier forma o por cualquier medio, sea electrónico o mecánico, mediante fotocopias, digitalización u otros métodos, sin el permiso previo y escrito por el editor. Su infracción está penada por la ley.	
ISBN 978-987-8943-32-9	1ª edición: agosto 2022

libro futbol .com
AL GOL SE
LLEGA LEYENDO

ediciones@librofutbol.com

+54 9 11 2215 1982

librofutbol

Av. Libertador 6898 - Núñez - Ciudad de Buenos Aires - Argentina

DEDICATORIA

A Matías Patanián y José Moscuzza, por darme la oportunidad de insertarme y llevar a cabo nuevos proyectos dentro del fútbol.

A Marcelo Gallardo, Facundo Luis Villalba y Fernando Gago, por darme la posibilidad de ser parte de sus respectivos cuerpos técnicos.

A LIBROFUTBOL.com, por confiar en mí y permitirme llegar a los apasionados de este hermoso deporte a través de este libro.

ÍNDICE

CAPÍTULO 6

CAPÍTULO 7

CAPÍTULO 8

Paso 1

Ingresar a Google Play o Apple Store y descargar la App lectora de QR.

Paso 2

Instalar y abrir la App en tu dispositivo móvil.

Paso 3

Escanear el código QR para poder acceder al contenido exclusivo.

INTRODUCCIÓN

La primera cuestión a subrayar es que el videoanálisis es una tendencia muy fuerte en el mundo del fútbol, ya que con el correr de los años viene ganando cada vez un mayor lugar dentro de las labores de los cuerpos técnicos. Esta tarea tiene un papel preponderante en la información de las necesidades del propio plantel, las características individuales y colectivas de los rivales, las potenciales incorporaciones para reforzar al equipo, etcétera.

Debido a lo anteriormente mencionado, este libro surge para ayudar a nutrir a cualquier persona que esté interesada en indagar en el videoanálisis, pues aún no existe una carrera formal que lo valide. Entonces, es notoria la falta de noción para encarar esta actividad por parte de quienes estudian para ser directores técnicos. Es común creer que el trabajo ya está hecho al aprender a utilizar el software, y no es así. Para ser un buen analista primero hay que saber de fútbol, luego habrá tiempo para enfocarse en los distintos recursos.

Este punto es fundamental para el desarrollo de un buen videoanalista. Es clave entender de fútbol (de táctica y de técnica, tanto la individual como la colectiva) y de cómo leer los encuentros para optimizar el trabajo. Este último aspecto estará dado por las herramientas —ahora sí entra en escena el software— para corregir los errores y potenciar las virtudes.

*Estadio Bernabéu, Madrid - Final Copa Libertadores 2018.
River campeón. Con el cuerpo técnico, manager, asistentes y
presidente del club.*

CAPÍTULO 1

HISTORIA DEL VIDEOANÁLISIS EN EL FÚTBOL

En la actualidad, es muy conocida la utilización del videoanálisis en el mundo del deporte en general. Al fútbol llegó lentamente porque se incorporaron tarde las herramientas tecnológicas, tal vez por resistencia, falta de información o falta de capacidad de aprendizaje por parte del cuerpo técnico, entre otros motivos. Se fue añadiendo de a poco, pero en otras actividades, como el *hockey*, el básquet, el béisbol o el *rugby*, lo desarrollan hace años y hay ejemplos por doquier.

En el fútbol argentino se puede decir que hace años se realiza el análisis, pero sin que llegue al video por una cuestión de tiempo. En internet se pueden hallar algunas imágenes perdidas de los Mundiales 54, 58 y 62, siendo casi imposible encontrar registros fílmicos. La primera Copa del Mundo que se grabó fue en 1966, muy recordada por los argentinos por la expulsión de Ubaldo Rattín y, en general, por la final entre Inglaterra y Alemania, en la que se convalidó un gol con la polémica de si el balón ingresó o no a la portería. Con el paso del tiempo y las facilidades, se fueron agregando muchas cámaras en los partidos y los entrenamientos, y las posibilidades de hallar encuentros filmados aumentaron de manera exponencial.

Fueron muchos los directores técnicos que buscaron la manera de informarse, de analizar a su siguiente rival, sin tener los videos de hoy en día. La metodología utilizada en los años sesenta, setenta y ochenta era enviar a un colaborador cercano, de confianza y con conocimientos en la materia, que normalmente se llamaba "espía". Hay varios ejemplos, en diferentes países del

mundo: lo supieron utilizar Helenio Herrera, Juan Carlos *Toto* Lorenzo, Valery Lobanovski, Arrigo Sacchi, Osvaldo Zubeldia, Carlos Salvador Bilardo y César Luis Menotti, por nombrar algunos de los tantísimos que se podrían citar.

OSVALDO JUAN ZUBELDIA – CARLOS SALVADOR BILARDO

Corría 1965 cuando Osvaldo Zubeldia se hizo cargo del equipo mayor de Estudiantes de La Plata y cambió la historia del fútbol para siempre. Un gran estudioso y comprometido con el deporte, en este mismo año también editó, junto con Argentino Geronazzo, un libro llamado *Táctica y estrategia del fútbol*, que se puede decir que fue una biblia táctica para el deporte en Argentina y gran parte de Sudamérica (ya que luego siguió su carrera profesional en Colombia). Este maravilloso ejemplar literario es, sin duda, un análisis puramente derivado de horas y horas de observación del juego.

Argentino Geronazzo, que también era ayudante de campo de Zubeldía, a finales de 1966 publicó *Cómo ver un partido de fútbol*. En ese libro describió siete puntos de análisis. No hay dudas de que estudiaban a sus oponentes con dedicación. ¿Esto es videoanálisis? ¡Claro que sí! Al no disponer de la tecnología actual, don Osvaldo, el "viejo zorro", se adelantaba a la jugada.

En el año 1968, Zubeldía envió a uno de sus colaboradores a observar un partido del Manchester United contra el Benfica para estudiar lo que hacía su posible rival en la final intercontinental. Su enviado le llevó un informe pormenorizado de lo observado. Uno de los integrantes de ese plantel y de los alumnos más aventajados de esta escuela es Carlos Salvado Bilardo, quien potenció la idea y la llevó a su máxima expresión. Lo hizo al filmar, mostrar videos y archivar material.

En su libro, el Doctor contó cómo surgió su interés por el juego y el estudio de los rivales: "Ya desde chico me gustaba mucho analizar las tácticas y las estrategias de los equipos. Sin embargo, fue muy poco lo que nos inculcaron durante la infancia y la adolescencia. La mayoría de los entrenadores de las divisiones inferiores de San Lorenzo solo nos daban algunas indicaciones, nos decían dónde pararnos en el campo y nada más. En agosto de 1958 estaba en la casa de un compañero de la facultad, de apellido Pariso, estudiando las funciones del corazón. Habíamos conseguido uno de vaca en una carnicería y también habíamos descerebrado una rana para ver cómo su corazoncito seguía bombeando sangre. De pronto, a eso de las seis de la tarde, llamó mi madre por teléfono para informarme que se habían comunicado de San Lorenzo para notificarme que, al día siguiente, a las 14, tenía que presentarme en el estadio de Atlanta para jugar con la Primera. En esa época se disputaba la Copa Suecia, un torneo organizado por única vez a raíz del parón provocado por el Mundial de Suecia. A ese torneo habían viajado los mejores futbolistas del país. Esa noche volví a casa, descansé y al otro día fui hasta el estadio. Ese día ganamos por 2-0 y yo marqué los dos tantos. Una coincidencia consistió en que para Atlanta jugó Osvaldo Zubeldía, con quien, pocos años más tarde, haríamos historia en Estudiantes. Ya en La Plata, con Osvaldo nos entendimos de inmediato, posiblemente porque teníamos en común el afán de la perfección que él pretendía aplicar al fútbol. A un nuevo fútbol. Él estudiaba variantes antes inimaginables, las ponía en práctica, las corregía y las volvía a ensayar. Era un adelantado".

Incorporando los conceptos de Zubeldia, Estudiantes de La Plata pasó de ser antepenúltimo en 1964 (entre solo 16 equipos) a terminar quinto (entre 18 clubes) un año más tarde. En 1966, el año en el que Racing fue campeón, finalizaron séptimos de 20.

Así describió Bilardo cómo fue el proceso: "Por supuesto, este progreso fue producto de una evolución que no se concretó de la noche a la mañana y que, además, no se dio de manera exclusiva dentro de la cancha: las enseñanzas de Osvaldo superaban la línea de cal y se transformaban en un verdadero manual de vida. En los primeros tiempos, los jugadores que vivíamos en Buenos Aires —Conigliaro, Barale, Poletti, Manera y yo— nos encontrábamos con Zubeldía en la estación Constitución para tomar el tren rápido de las 8 de la mañana, que en 55 minutos nos dejaba en La Plata. Aprovechábamos el largo viaje, de casi una hora de ida y otra de vuelta, para hablar muchísimo. Nos impuso un régimen de trabajo inusual, que incluía un doble turno de entrenamiento que no se suspendía por lluvia ni por ninguna otra razón. Les reclamaba a todos una atención permanente y una concentración especial para comprender el porqué de cada indicación. Él se ponía siempre al frente del trabajo y era quien daba el ejemplo. En los seis largos años que estuvo en el club, nunca faltó a una

práctica. Osvaldo fue un innovador. Hacíamos cosas que nadie había hecho antes: estudiábamos muy bien a los rivales; mirábamos películas de partidos que estaban grabados en cintas, con proyectores que se veían contra una sábana que poníamos como telón, y practicábamos cientos de veces con la pelota detenida, en cuanto a saques de esquina, tiros libres, el *offside*, las marcas. Las charlas de fútbol con Zubeldía eran apasionantes. Una vez le pregunté cuándo había visto por primera vez hacer la jugada del *offside* como un recurso defensivo planificado. Me contestó que, en Boca, en un amistoso entre el Xeneize y un equipo sueco, creo que el Malmo FC, en 1958. Me contó que se había asombrado por la facilidad con la que los suecos hacían caer en posición adelantada a los delanteros locales. Convencido de que su futuro sería como director técnico, le prestó mucha atención a esta novedosa estrategia defensiva.

Agregó: "Yo aprendí con Osvaldo a neutralizar al creador del rival. De a poco, en los diarios se escribía: 'Bilardo, el mejor, anuló a Ermindo Onega', de River, o a Humberto Maschio, el *crack* de Racing. En mi época de Estudiantes, en general, el '10' contrario, el más talentoso, jugaba en un sector del mediocampo y yo no tenía que moverme mucho para marcarlo. Pero fue distinto cuando me tocó enfrentar a Maschio: él no se quedaba estático, me llevaba por todos lados. Una noche, cuando volvimos al Country donde concentrábamos después de jugar con Racing, le dije a Osvaldo: 'Maschio me pasea por todo el campo, ¿cómo arreglamos esto?'. Él se paraba junto al zaguero Roberto Perfumo cuando atacaba Racing, yo lo seguía hombre a hombre y quedaba parado en el medio de ellos dos, mirando el partido. Nos quedamos con Osvaldo hasta las tres o cuatro de la mañana, después de la cena en el comedor, y con papeles, haciendo dibujos, le propuse jugar detrás de los jugadores ofensivos del rival, mirando a Maschio de reojo y tomándolo cuando pasara al ataque. Muchos años después, me encontré con Maschio y le dije: 'Gracias a vos, Maradona juega bien por más que lo marquen hombre a hombre'".

Revelando más detalles del detrás de escena, Bilardo continuó su relato: "Zubeldia marcaba los errores que había advertido y les buscábamos la solución entre todos. También hacíamos reuniones sin él, donde los jugadores nos decíamos las cosas sin pelos en la lengua. Lo que nos decíamos no salía del vestuario o de la habitación de la concentración. Casi nadie estudiaba a los rivales, y si alguien lo hacía, era muy por arriba. Nosotros no, nosotros sabíamos cuál era el lado fuerte y cuál el débil de la mayoría de nuestros oponentes. Individualmente, en lo técnico;

colectivamente, en lo táctico. Es fundamental conocer al rival. A pocos días de enfrentar a Deportivo Cali y a Millonarios por la Libertadores en Colombia, Zubeldia me sorprendió con un pedido: que viajara a ver cómo jugaban esos dos equipos. Yo acepté el encargo con gusto, consciente de que se trataba de una lección enriquecedora. En esos años, a nadie se le ocurría realizar ese tipo de experiencias. Cada equipo se preparaba sin evaluar cómo respondería el adversario. Antes, analizar al contrario era un poco menos que un escándalo. Hoy parece increíble que un equipo salga al campo sin conocer a su rival. Los clubes tienen tres o cuatro personas que estudian videos de sus oponentes. Gracias a la información que obtuve en ese viaje, Zubeldia preparó muy bien los encuentros. Tan bien que le ganamos a Millonarios por 1-0 en Bogotá y a Deportivo por 2-1 en Cali, y en La Plata sacamos un 0-0 y un 3-0, respectivamente".

El "espía" y especialista que realizaba los informes para Zubeldía durante esa participación en la Libertadores era Juan Urriolabeitía, un exjugador de River y Estudiantes. Mientras el Pincha se jugaba el pase a la final, él fue a ver la otra semifinal, entre Peñarol y Palmeiras. En la definición contra el conjunto brasileño, el primer duelo se disputó el 2 de mayo de 1968 y Estudiantes ganó por 2-1 con un gol "maradoniano" de Verón, que muchos testigos sentenciaron que fue igual o superior al que hizo Maradona 19 años más tarde ante Inglaterra en México 1986. La revancha se jugó en San Pablo y fue 3 a 1 a favor de Palmeiras, por lo que, con un triunfo para cada uno, se debió disputar un desempate. En Montevideo, el equipo platense ganó por 2-0 y otro sueño se hacía realidad, gracias a los goles de Ribaudo y Verón.

La obtención de la Copa Libertadores no mermó la sed de triunfos, sino que representó un incentivo para querer ganar cada encuentro. El siguiente desafío era enfrentar al Manchester United. Bilardo narró así el trayecto hacia la gran final: "'A la gloria no se llega por un camino de Rosas", decía siempre Osvaldo. Fue su respuesta cuando alguien se atrevió a preguntar por qué había ordenado que nos concentráramos ¡40 días antes del primer duelo por la Copa Intercontinental! 'Tal vez nunca en la vida se repita la suerte de jugar una final de estas', argumentó. El Manchester United tenía unos jugadores tremendos, como George Best, Denis Law, Robert *Bobby* Charlton y Norbert Stiles. Best, que ese año ganó el premio al mejor jugador de Europa, era un delantero veloz, muy habilidoso y ambidiestro; llegó a ocupar todos los puestos ofensivos. El conjunto inglés había goleado por 4-1 al Benfica en la final de la Copa de Campeones de Europa,

disputada en el estadio londinense de Wembley. Allí estuvieron dos colaboradores de Zubeldia, Juan Urriolabeitía y el preparador físico Jorge Kistenmacher, quienes volvieron de Inglaterra con una filmación de ese partido y un informe minucioso. Era una cinta grabada en ocho milímetros, que proyectaron varias veces en el Country. En ese entonces, para muchos esto estaba mal. Hoy lo hacen todos los equipos de fútbol. Además, poco antes de la fecha de en la que teníamos que recibir a ellos en La Plata, el Club Benfica llegó a la Argentina para participar de un amistoso con Boca. Estudiantes lo aprovechó e invitó al plantel portugués a comer un asado en City Bell. La figura del Benfica era Eusebio, la Pantera de Mozambique. En un momento de la sobremesa, Eusebio preguntó a quién de nosotros le tocaba marcar a Nobby Stiles. 'Lo tengo que marcar yo', le dije. 'Uh, te mata. A mí me rompió todo en el Mundial 66', sentenció". Para el viaje a Inglaterra organizamos todo bien, como había que hacerlo. Apenas llegamos a Londres, varios días antes de la revancha, fuimos con Zubeldía y Malbernat a ver al Manchester United empatar 2-2 en su visita al Tottenham, en el estadio White Hart Lane. Luego, todo el equipo viajó a presenciar el clásico Liverpool-Manchester United en Anfield, que ganó el local por 2-0. Aunque ya habíamos jugado contra ellos, era muy bueno poder observarlos de nuevo".

Así concluye Bilardo su relato "Mi interés por continuar mi carrera futbolística como director técnico, que nació cuando era jugador, se potenció durante la brillante campaña que realizamos con Estudiantes. A medida que fui conociendo con profundidad a Osvaldo Zubeldia, su pensamiento, su forma de trabajar y de vivir el fútbol, y a saborear los frutos cosechados en base a tanto esfuerzo, dedicación y sabiduría, me volví un fanático de la técnica, la táctica y la estrategia. A mí siempre me preocupó saber todo lo posible sobre mis rivales. Los videos fueron una herramienta fundamental para preparar cada partido. Me decían que estaba loco cuando empecé a ver grabaciones de rivales, con filmaciones en películas de ocho milímetros. Hoy no hay equipo del mundo en el fútbol profesional que no estudie los encuentros del oponente".

Sun Tzu dejó una frase en *El arte de la guerra* que aplica para el estudio de los adversarios y para esta final intercontinental: "Conoce a tu enemigo, conócete a ti mismo y saldrás triunfador en mil batallas". La ida se jugó en la Bombonera el 25 de septiembre de 1968, enfrentamiento para el que el Pincha se preparó exhaustivamente. Oscar *Cacho* Malbernat confirma que Estudiantes había diseccionado al Manchester United: "Como

Zubeldía era un adelantado, habíamos visto una película de su partido frente al Benfica". Por su parte, el entrenador del conjunto platense pensaba así de los dirigidos por Matt Busby: "Los equipos ingleses que han venido a América han bajado mucho el rendimiento. Pienso que tapando a Bobby Charlton disminuye un cincuenta por ciento (su rendimiento). Hay que poner pibes (para alcanzar pelotas) a los costados del campo para que no se pierda tiempo".

Estudiantes ganó por 1-0, algo que generó un cierto festejo en el Manchester porque los futbolistas estaban confiados de que podían dar vuelta la historia. Pero no fue así y la vuelta resultó en un empate a uno, en un resultado que recompensó todo el trabajo previo y sentenció la historia para siempre.

Juan Ramón Verón amplía detalles de aquella hazaña en Old Trafford y de la metodología de "espionaje" de Zubeldía: "Viajó el vasco Urriolabeitía, que estaba trabajando de coordinador de inferiores. Zubeldía lo envió a observar el partido de la final del Manchester United contra el Benfica, y trajo un video para que Osvaldo pudiera verlo y estudiarlo. Y nos fue preparando para ese partido. Además, viajamos una semana antes y diez días antes ya estábamos instalados en Manchester. Era un adelantado Osvaldo, era una cosa increíble. Enviaba a sus colaboradores a observar a los equipos nacionales y nos veíamos favorecidos con eso. Teníamos una ventaja sobre el resto: sabíamos todo del rival, sabíamos cosas del contrario que no se imaginaban que sabíamos y, como no le daban el interés que tenían que darle, los oponentes no conocían nada de nosotros. Por eso sacábamos ventaja con todo eso. Era muy difícil que perdiéramos un partido y, además, teníamos la costumbre de que nos quedábamos haciendo una autocrítica después de los partidos. Dialogábamos mucho, intercambiábamos opiniones y analizábamos lo que habíamos hecho. Él estaba siempre muy atento a eso".

Carlos Salvador tomó la posta de Zubeldía, por llamarlo de alguna manera, y continuó con el legado. Son más que conocidas las interminables horas de videos que observaron los jugadores del seleccionado argentino en su proceso.

En palabras de Oscar Alfredo Ruggeri:

"Salíamos de Ezeiza después de entrenarnos en doble turno y nos íbamos al hotel de las Naciones a ver videos de partidos de África, de Asia ¡Malísimos! Y había un error en el partido, y por ahí pasaba en los primeros tres minutos y nos quedábamos los

90 minutos si no lo descubríamos. ¿Y sabes por qué era eso? Mirá qué loco inteligente que era. Terminamos nosotros diciendo: 'Bueno, los defensores siéntense todos juntos, los medios siéntense todos juntos y los delanteros siéntense todos juntos. Los defensores miren todo lo que pasa en la defensa, porque si paso algo ahí, los delanteros no la van a ver y se les escapa. Pero a ustedes, los defensores, no se les va a escapar, porque por ahí cerro mal un tipo'".

El Doctor no se equivocaba. Tal es así que el seleccionado argentino se consagró campeón del mundo en México 86 y fue subcampeón en Italia 90. Tuvieron que pasar 24 años más para que Argentina volviera a una final de un Mundial. En esa ocasión, el entrenador era Alejandro Sabella y lo acompañaban Julián Camino y Claudio Gugnali, quienes fueron jugadores de Bilardo en el equipo de Estudiantes de La Plata que ganó el Nacional 83. Fue una línea directa con el maestro Osvaldo Zubeldia.

Bilardo señaló: "Al llegar al final del camino, siento orgullo por no haber equivocado los valores que heredé de mis padres y que también forjaron, entre otros, Osvaldo Zubeldía o eminencias que conocí en la Facultad de Medicina, como Bernardo Houssay, ganador del Premio Nobel. La responsabilidad, el compromiso y la lealtad fueron pilares de un éxito que se concretó en el plano deportivo".

CÉSAR LUIS MENOTTI

Otro caso de estudio del rival y búsqueda de recursos para el análisis está en la selección argentina del Mundial 78, dirigida por César Luis Menotti. Roberto Saporiti, quien fuera ayudante de campo del Flaco en la selección argentina, cuenta pormenores de la preparación en el cuerpo técnico para la cita mundialista. Estas son sus palabras:

"Con Menotti pensamos que yo venía de vivir en Europa durante ocho años, hasta 1974. Yo conocía mucho, venía con mucha información, y los equipos del Mundial 74 al de 1978 no habían cambiado mucho o lo habían hecho en pequeños detalles. Me refiero a los Países Bajos, Francia, Alemania, Bélgica, Italia y España.

Estando en Europa, ya estaba haciendo el curso de director técnico y preparación física, que lo hice en tres años en francés, en la escuela de entrenadores en Bruselas. Entonces, Menotti me bajó una idea de lo que pretendía para el proceso y el transcurso del Mundial.

Entonces, instalamos una persona de nuestra confianza en cada subsede del Mundial 78, para que nos elaboraran los informes de los posibles rivales e hicieran un seguimiento de los equipos. Para tal motivo, dispusimos a Alfio Basile en Mar del Plata; a Humberto Maschio en Córdoba; a Jorge Bernardo Griffa y Enrique Santiago *Nene* Fernández en Rosario, y a Vicente Cayetano Rodríguez en Mendoza.

En ese entonces, la comunicación no era tan fácil como actualmente, entonces nos enviaban la información con la tele y nosotros tomábamos los detalles y las precauciones correspondientes. Si jugábamos con Francia, sabíamos que teníamos que anular el circuito de juego de Michel Platini. Los informes que recibíamos tenían un gran desarrollado visual, con mucha memoria. Eran muy minuciosos y muy precisos. Esto se aprovechó al máximo, tomando detalles para que nuestra selección tapara ciertas cosas del rival, como circuitos de juego. No se dejaba de lado.Los informes describían la pelota parada, cómo salían los laterales, si se incorporaban al ataque, si hacían ancho el juego para atacar y ser profundos, entre otros aspectos. Los oponentes fueron muy bien estudiados.

Cayetano Rodríguez observó mucho a los Países Bajos. Iba a todos los entrenamientos de la selección, que estaba instalada en el hotel de Potrerillos, cercano a la ciudad de Mendoza, y también a los partidos. Esto más allá de todo lo que yo le informé, porque el equipo neerlandés que yo había visto por última vez en vivo en Europa, en el 74, no cambió prácticamente en nada, salvo por la perla Johan Cruyff. Además, yo había observado mucho al Ajax de Stefan Kovács.

Para poder entrar a los entrenamientos, nuestros allegados tenían ciertas mañas, utilizando una cartulina de periodista y todas esas cosas. En cada subsede, nuestros enviados pudieron ver todas las prácticas, ya que el partido es el resumen de los ensayos en la semana. Si bien, por supuesto, el partido tiene otra adrenalina y al público presente.

Cayetano Rodríguez se sorprendía de la forma de entrenarse de los Países Bajos. Por los ejercicios en espacios reducidos, cómo presionaban, el juego a uno o dos toques y lo que debía haber sido ese equipo con Cruyff.

Cuando nos enfrentábamos a un equipo, el técnico rival se sorprendía de las cosas que hacíamos y se daba cuenta de que sabíamos cómo se movían. En síntesis, Menotti recibía toda la información. Eso lo manejábamos con Rodolfo Kralj, lo pasábamos en limpio y después se lo acercábamos a César y ahí lo charlábamos.

Menotti siempre fue una persona muy amplia, le dio un orden a la selección argentina. Viajaba a Europa y se entrevistaba con diferentes técnicos y preparadores físicos, así como también intercalaba el debate en esos países. Además, trajo al doctor Oliva de Milano, un médico extraordinario: agregó nutrición y les dio indicaciones a los cocineros de la concentración de empezar a servir pescados, frutas, verduras, pastas y todo lo que yo comía cuando jugaba en Europa. En la parte física estaba el profe Ricardo Pizzarotti, un adelantado. Se repetía mucho, basábamos todo en los ensayos en el campo de juego. El 70 % es movilidad.

Menotti recibía informes de Europa de manera constante. Él tenía allegados que vivían en el Viejo Continente y le pasaban información. El Flaco estaba al tanto de todo. Aunque era muy joven, porque tenía 39 años, no dejaba nada librado al azar.

Con Osvaldo Zubeldía teníamos una comunicación fluida. No éramos amigos, pero sí había mucho respecto. En aquel entonces, Osvaldo era mayor que nosotros e intercambiábamos opiniones".

EL INFORME DE ALFIO BASILE

En el libro de Menotti llamado *Cómo ganamos la Copa del Mundo*, editado por *El Grafico*, el Flaco describe el rol del Coco durante el torneo:

"Basile fue el hombre designado por Saporiti para estar en la sede de Mar del Plata y darnos todos los datos posibles sobre los equipos que jugaban allá. Esto, que parece intrascendente de acuerdo con todas las posibilidades que tiene un técnico de conocer a sus rivales (la televisión, los partidos anteriores, los comentarios periodísticos), siempre es muy útil porque aporta claridad sobre los aspectos fundamentales. El mecanismo es muy simple, y a través de lo que yo hablé con Basile se puede ver claramente.

Por supuesto que ya tenía mi concepto formado sobre Francia, porque lo había visto jugar el año pasado, me escribía cartas periódicamente con gente que vive allá y no había ningún cambio importante en su formación. Pero la charla con el Coco Basile, un hombre que siente el fútbol como yo y lo ve muy bien, me dio las últimas novedades de su funcionamiento. Ese era el detalle que faltaba: qué venían ensayando en las semanas previas que solo pusieron en práctica en el primer partido del Mundial. Es que ahí se termina el verso: cuando un equipo empieza el torneo, muestra todo lo que tiene. Las novedades señaladas por Basile fueron:

Algunos cambios en los tiros de esquina, cuando subía Tresor a buscar el cabezazo. Se paraba a la altura del segundo palo, como siempre, pero arrancaba hacia el medio y arrastraba gente con él.

Las variantes de ataque, con Platini tirado a la derecha y sacando a su marca del medio para la llegada limpia de Tresor.

Los huecos que habían quedado en el fondo cuando Paolo Rossi y Bettega rotaron o se tiraron unos metros hacia atrás.

Estos últimos detalles alejaron las pocas dudas que tenía. Cuando terminamos de hablar, incluso formamos de palabra el equipo de Francia y coincidimos en diez de los once que después fueron titulares. Yo no pensaba que pudieran reemplazar a Janvion.

Trigoria - Roma. Centro de entrenamiento de AS Roma. Encuentro protocolar con el director deportivo del club, Massimo Tarantino. Año 2017.

CAPÍTULO 2

VIDEOANÁLISIS EN EL MUNDO

Como es de esperar, el videoanálisis no es igual en todas partes del mundo. Un gran ejemplo es el de Estados Unidos, donde los clubes no tienen un departamento especializado en esta función, sino que trabajan a partir del *big data* que les brinda la MLS (Major League Soccer). De esto se nutre el área de *scouting* de cada entidad, contratando así a los jugadores con base en los datos obtenidos, pero sin visualizar imágenes. En otras partes del mundo, como Europa, el apoyo en los videos es total. Esto se debe a que esta información es precisa y no engaña al *scout*, quien ya comienza la búsqueda con una idea previa.

LA INJERENCIA DEL VIDEOANALISTA

Como vimos anteriormente, el videoanalista debe entender el juego para que el entrenador principal pueda aprovechar al máximo su trabajo dentro del cuerpo técnico. Es fundamental la injerencia del analista, algo que está acompañado por la confianza que le da el grupo de trabajo. Aun así, quien desempeña esta función no tiene la potestad de decirle al *staff* lo que el equipo está haciendo mal o qué ajustes hacer, en tanto y en cuanto este no le abra las puertas para que lo haga. Y si así fuera el caso, se podría dar la perspectiva personal, pero sin tomar la última

decisión. Solo se propone un punto de vista desde una posición "privilegiada" (al estar en altura y con una visión periférica, lo que facilita la lectura del juego).

Hoy en día, ya está habilitado el uso de tecnología en los bancos de suplentes (con un iPad y comunicación a través de dispositivos inalámbricos). Esto se usa desde hace años en otras disciplinas, como el *hockey*, el *rugby* o el *handball*, y el fútbol ha sido el último en adquirir estas herramientas para aplicarlas y tratar de mejorar.

El videoanalista puede ser institucional o trabajar dentro de un cuerpo técnico. Si está dentro de la primera alternativa, una opción es que desarrolle tareas en toda el área de captación y para las divisiones inferiores. En este caso, tendría que seguir el crecimiento de los juveniles y determinar su evolución o involución partiendo de la observación y el estudio de imágenes (utilizando la tecnología, para optimizar los tiempos), con la codificación individual para cada jugador y sus acciones en cada partido, en el año y en los entrenamientos. También se puede trabajar en la parte de *scouting* dentro de la entidad, haciéndole un seguimiento a futuras incorporaciones que se quiera hacer para el plantel profesional.

FUNDAMENTOS DEL VIDEOANÁLISIS

Partir desde la propuesta del DT para saber qué buscar y analizar.

El análisis se termina cuando hay algún expulsado.

Los planos abiertos son importantes.

El analista debe saber entender el juego para analizar.

Buscar patrones de juego constantemente (en el análisis del rival).

Analizar desde las finalizaciones hacia atrás para encontrar qué sucedió en la jugada.

CAPÍTULO 3

HERRAMIENTAS FUNDAMENTALES DEL VIDEOANALISTA (EN EL ALTO RENDIMIENTO)

BIG DATA

Este recurso es fundamental, ya que permite cumplir con las dos premisas más importantes dentro del análisis del fútbol actual: achicar el margen de error y optimizar el tiempo. Lo que hace el *big data* es generar una base de datos tal que no solo sirve para evaluar al equipo propio o al oponente, sino que también es útil para el estudio de posibles incorporaciones o refuerzos. Es el primer paso de la búsqueda, ya que su amplio espectro permite disponer de información de una incalculable cantidad de futbolistas, clubes y torneos de todas partes del mundo; luego, se puede filtrar según las necesidades correspondientes al modelo de juego, las características del conjunto y la liga en la que se participa, entre otros aspectos.

Cabe aclarar que esto no es determinante, sino que funciona como un paso intermedio para reducir la cantidad de resultados, ya que la elección de la contratación de un jugador se concreta después, al verlo en el campo.

En cuanto a la utilización de *big data* para el día a día de un analista dentro de un plantel de fútbol profesional, es importante mencionar que el universo que esta herramienta permite es tan amplio que se dificulta utilizarla de manera eficiente y completa si se trabaja en soledad. Por el contrario, si el cuerpo técnico tiene más personal abocado al área de análisis, se puede cubrir mejor el margen que brinda este recurso.

Para todo lo anteriormente mencionado, el primer filtro de búsqueda es el director técnico, quien le marca al analista distintos puntos: las necesidades a cubrir; las aptitudes que se deberían considerar para los refuerzos en las zonas del campo y los puestos que se necesitan mejorar, y cómo esto debe ser consecuente y estar siempre bajo la misma línea de fundamentos y del estilo propuesto.

Lo fundamental de la herramienta radica en su nombre, ya que cuando hablamos de *big data* nos referimos a los datos y a su gestión. El mejor ejemplo está en los casos en los que el analista genera los cortes de imágenes de un encuentro determinado, seleccionando las acciones que considera más relevantes para enviarle un informe al cuerpo técnico; en esas situaciones se priorizan ciertos números —que después serán información— y se descartan otros que no se consideran destacados.

Los que se eligen y sí perduran se exportan en archivos XTML y se almacenan. Al final de la temporada, la acumulación de estos datos que fueron usados en un momento y luego almacenados es una fuente de información. Allí es donde se irá a buscar qué cuestiones mejoraron, empeoraron o se mantuvieron entre situaciones del juego, rendimientos individuales, acciones en ataque o en defensa y demás. Esto no es considerado *big data* porque la escala es chica, aunque si se mantiene la metodología de trabajo durante varias temporadas y se incrementa la cantidad de archivo, aumentando el volumen de elementos relevantes en varios *gigas*, termina ingresando en esa categoría.

La utilización de esta herramienta toma una real importancia en los momentos posteriores a una temporada, en los que, teniendo acceso a los diferentes torneos que se consideren destacados, se pueden obtener todos los datos necesarios a la hora de definir un fichaje para el equipo. El analista, considerando lo requerido por el entrenador en cuanto a las posiciones a reforzar, las características que se buscan y la viabilidad económica y contractual para concretar el pase, puede cruzar los datos entre los diferentes nombres seleccionados como posibles fichajes y terminar inclinándose por alguno en particular. Por ejemplo, si se está buscando un defensa central con buen juego aéreo, se puede ir en búsqueda del porcentaje de duelos aéreos ganados, pero analizando, al mismo tiempo, el contexto en el cual se producen; esto tiene que ver con que no será lo mismo tener una gran efectividad de duelos aéreos ganados en una liga en la que los delanteros a los que se enfrenta el jugador tienen un bajo promedio de altura a tener un éxito similar en una competencia en la que los atacantes son verdaderamente altos.

Para contratar a un futbolista, entonces, *big data* ofrece demasiados números que pueden terminar convirtiéndose en información, de acuerdo con los distintos filtros que se incorporen: es posible buscar un zaguero, uno alto o uno alto y con un buen porcentaje de duelos aéreos ganados. Así se le pueden agregar condiciones y variables hasta dar con los ideales para lo que el cuerpo técnico necesita. En algunos casos, el analista también investiga el historial del futbolista (la composición familiar, los orígenes, el tipo de infancia, la educación recibida, la cantidad de idiomas que habla, etc.) y la conducta actual (la relación con los compañeros, el perfil público, el uso que les da a las redes sociales, el estado civil, etc.) para determinar si está en los estándares y lineamientos del club.

INTELIGENCIA ARTIFICIAL

Aplicada al fútbol, esta herramienta es tan novedosa como interesante. En los últimos años se ha desarrollado, y dentro de la misma cobran preponderancia los *softwares* que emplean técnicas como *machine learning*; es decir: cómo enseñarles a los algoritmos a descubrir cosas. Funciona de la siguiente manera: para ejemplificar, supongamos que el analista carga datos de los GPS de los jugadores correspondientes a distintos entrenamientos similares, en los que se enfrentaron en duelos de 4 contra 2 en un espacio de 5x5 metros, lo que arroja diferentes resultados desde lo físico; luego, suma un trabajo en el que las disputas de 4 contra 2 se desarrollaron en un terreno doblemente más grande, y entonces el *software* detectará los cambios y elaborará una conclusión en consonancia con el contexto que se le estableció.

Así, el sistema "aprende" los patrones, sus cambios y sus posibles consecuencias, acertando en los pronósticos de resultados.

Este recurso no solo se utiliza para la predicción del devenir de cargas de entrenamiento o resultados deportivos, sino que también es interesante para prever el futuro de los distintos futbolistas: si al algoritmo se le ofrece una base de datos con una batería de jugadores con distintas características y aprende en consecuencia, al cargarle un nombre nuevo arrojará las probabilidades —en porcentaje— de lo que se esté buscando. ¿Qué se puede encontrar? Las probabilidades de proyección internacional que tenga ese deportista, de que ofrezca un buen rendimiento para la Primera División del ámbito local o de que su carrera se desarrolle en categorías menores. De esta manera, el algoritmo habrá procesado los datos previamente cargados y arrojará los posibles resultados con las personas nuevas que se agreguen.

Aun así, hay otros casos en donde directamente, sin contar con un soporte previo, el sistema clasificará los nombres según los criterios que considere relevantes. Igualmente, esto puede resultar contraproducente si la clasificación no es importante para lo que se busca: por ejemplo, si entre mil jugadores se necesitan características parecidas a las de Lionel Messi, como pueden ser la pierna hábil, el remate cruzado o la efectividad en los tiros libres, no será útil que el algoritmo agrupe a los más cercanos en la nacionalidad o la altura; de ser así, perderá precisión.

Al tener ambas opciones a disposición, el desafío del analista es encontrar la optimización de la herramienta y saber cómo emplearla para que sea beneficiosa, estableciendo los parámetros considerados más importantes a la hora de comparar a los futbolistas y desechando aquellos que pueden llegar a estorbar en la búsqueda (al hacerla más extensa sin sentido alguno).

CAPÍTULO 4

EL ANALISTA DE DATOS

El analista de video, ya sea en un cuerpo técnico o como integrante de una institución, es un trabajador directo de los clubes. Pero a veces también puede buscar respaldo asistente en una persona ajena a la entidad, cuando interviene el analista de datos. Esta persona colabora de manera externa, sin un vínculo con la institución en cuestión, a la cual se puede contratar en cualquier momento que sea requerido. Se hace para obtener información específica a la que el videoanalista no tiene acceso, ya que quien desarrolla esta función trabaja firmemente con *big data*.

Es importante que el asistente temporal sepa y entienda las necesidades transmitidas por su cliente (el club que lo contrata o el cuerpo técnico que lo contacta) para brindar la información precisa, aunque sin tomar decisiones al respecto (ya que, justamente, de ello se ocupa el cliente. Por ejemplo, si el analista de datos encuentra pertinente decirle al *staff* que el mediocampista central tiene un promedio de faltas por partido muy superior al promedio de los futbolistas en esta posición del resto de los equipos del mismo torneo, debe hacerlo; pero no puede inferir en la decisión del director técnico sobre si sacar o no a ese futbolista, puesto que quizá esa cantidad de infracciones es intencional debido a que ese jugador se encarga de cortar los avances rivales recurrentemente para dispersar el peligro ante una pérdida. Entonces, el objetivo de este apoyo se centra en la comunicación de información útil, dejando que el cliente elija qué hacer con esos números propuestos.

Por otro lado, el soporte del analista de datos toma una importancia vital cuando el conjunto que lo requiere no cuenta con mucho tiempo entre partidos para que el analista de video trabaje en el próximo rival. Esta situación se da generalmente cuando el equipo participa en varias competencias al mismo tiempo, jugando encuentros entre semana y teniendo que viajar a distintos destinos y demás. Todos estos elementos hacen que el videoanalista no disponga del tiempo suficiente para ver los últimos cinco o diez compromisos de su siguiente contrincante. Es en situaciones así en las que se puede apoyar en este asesor externo, quien le brindará las tendencias más relevantes en el juego del adversario para que las tenga en consideración.

Un ejemplo destacado a mencionar de cuándo el analista de datos se torna fundamental como soporte del analista de video es al emplear los datos para que esclarezcan el rendimiento y la trascendencia de algunos futbolistas en situaciones de mucha presión, o en los instantes finales de los partidos. Esto se realiza, sin más, al relevar los datos precisos mediante el uso de *big data* para constatar quiénes son los jugadores que mayor rendimiento tienen en los momentos difíciles de los encuentros y quiénes son aquellos que no son trascendentes e incluso bajan su producción en las mismas circunstancias. Estas cuestiones son tan finas que quizás el videoanalista no puede darse cuenta tan claramente al mirar los compromisos y hacer análisis individuales, sobre todo si se trata de una semana corta de trabajo entre distintos juegos.

En conclusión, el analista de video puede apoyarse en los datos antes de mirar los partidos, para luego confirmar —y eventualmente desarrollar— esas variables, convirtiéndolas o no en información en la búsqueda de patrones de juego del oponente.

UTILIZACIÓN DEL ANÁLISIS DE DATOS

Desde de la creación del departamento de porteros de la selección argentina a comienzos de 2019, desde ATENEA ID se comenzó a trabajar junto con Martín Tocalli (entrenador específico de este puesto de la selección mayor y director del área) en generar un *eventing* propio (acciones específicas de la posición para contabilizar durante los partidos) que permita evaluar el rendimiento de los guardametas tomando en cuenta las características y condiciones particulares de la función y el criterio de los técnicos. El primer paso fue crear un listado de métricas puntales, que no forman parte de las tradicionales que ofrecen los proveedores, y un criterio de evaluación; ambas cosas fueron especificadas por los entrenadores de porteros del combinado albiceleste. A partir de ahí, ya era posible evaluar no solo la cantidad y la efectividad en estas situaciones, sino también la toma de decisión y la ejecución técnica. Posteriormente, se empezaron a cuantificar las cargas y los fundamentos entrenados para combinar lo trabajado en las prácticas con su posterior resultado en los encuentros.

Para poder agilizar la captura y la generación de *outputs* y para alojar todo el volumen de información que se generaba, el segundo paso fue el desarrollo de un *software* propio con la colaboración de Guido Pettinari y Francisco Facal (desarrolladores informáticos fundadores de QUACK), en el cual se cargaba toda la información de cada sesión y de cada partido (durante su desarrollo o al terminar).

En la plataforma es posible cargar diferente información: la ficha técnica de cada portero; todos los fundamentos específicos entrenados, la carga y su evaluación; el rendimiento del partido con las estadísticas; la evaluación de las métricas propias, y una evaluación de *scouting*. Ahí mismo se generan los primeros análisis básicos, en un reporte automático que se puede crear al solicitar las fechas de los entrenamientos o los encuentros que se requieran y exportar el material en PDF para enviarlo a quien sea necesario (el director técnico del seleccionado o del club, el protagonista, etc.). También es posible exportar el "crudo" de la información a Excel para realizar análisis específicos o exploratorios.

Esta herramienta la utilizan los entrenadores de porteros de cada una de las selecciones masculinas y femeninas de Argentina.

Desde el año 2020 se generan, a través de Atenea Inteligencia Deportiva, informes previos y posteriores a los partidos para la Liga Profesional de Argentina, que organiza los torneos de Primera División, y para la Asociación del Fútbol Argentino, que organiza el campeonato de la Primera Nacional (la Segunda División).

En este caso, se procesan datos de *eventing* de dos proveedores diferentes (son entre 2020 y 3000 eventos por encuentro). Se generan informes en PDF, en un proceso que tarda alrededor de un minuto para las evaluaciones luego de los compromisos (que constan de alrededor de 40 hojas); demora entre dos y cinco minutos para las anteriores a la competencia, dependiendo de la cantidad de fechas anteriores a considerar (consisten de alrededor de 30 hojas). Estos dos tipos de informes son entregados a los cuerpos técnicos de las dos categorías. Además, la información procesada es utilizada para generar reportes para los dirigentes y para la prensa.

Con Marcelo Gallardo, mi gran guía. Festejo por la obtención de la Copa Argentina 2016.

CAPÍTULO 5

ANÁLISIS TÁCTICO Y SISTEMAS DE JUEGO

A modo de introducción, es importante indicar que el análisis depende del *software* del que se dispone para trabajar: a modo de ejemplo, puede ser *Sportcout*, proporcionado por *Hudle*, que permite diversificar una amplia cantidad de datos a nivel individual y colectivo y, de esa manera, obtener una mayor cantidad de información.

Otra cuestión que se debe tener en cuenta en el videoanálisis es para quién se está trabajando, ya que no es lo mismo trabajar para un cuerpo técnico que hacerlo dentro de la secretaría técnica de un club. En el caso de la primera opción, siempre se actuará en función de los principios de juego que pregone el *staff*; en estas situaciones, se delimita un método que incluye el armado de plantillas de codificación o *taggeo* (de los *tags*, las etiquetas) para saber qué conceptos se deben tener en cuenta a nivel individual y colectivo. En cambio, si se forma parte de una secretaría técnica, se impondrá una metodología de trabajo con pautas establecidas para un desempeño satisfactorio.

De esta manera, es pertinente aclarar que todos los conceptos desarrollados a continuación están abordados desde la óptica del trabajo para un cuerpo técnico. Aun así, en su gran mayoría, son perfectamente aplicables a una secretaría técnica con sus debidas adaptaciones.

Para entender el enfoque del análisis, en primer lugar, hay que tener en cuenta algunos conceptos fundamentales: la táctica y la estrategia. Dichos puntos se refieren a una idea de juego adaptada con base en el siguiente partido, luego de haber hecho un análisis de los futbolistas del oponente y, lógicamente, siempre teniendo en cuenta a los propios. De esa relación entre el equipo y los adversarios se obtienen otros dos aspectos a tener en cuenta para la evaluación del encuentro desde un punto de vista táctico: el despliegue y el orden. Si nos enfocamos en la ocupación de los espacios dentro del campo, cada conjunto se moverá con el objetivo de crear oportunidades de gol. Para eso se necesita un despliegue de los jugadores, frente a la oposición de un orden defensivo del equipo que no tenga la posesión.

Por otro lado, el análisis colectivo siempre debe ser consecuente con los objetivos que se hayan planteado en el inicio de la temporada. Es decir, con aquello que el conjunto se propuso lograr en el corto, mediano o largo plazo, como puede ser ganar una cierta cantidad de partidos o una competición, desarrollar un comportamiento, etc.

Imagen 1

En la imagen 1 vemos un 11 inicial desplegado sobre el campo con un sistema táctico que incluye —además del guardameta— tres defensas centrales, un mediocentro, dos interiores, dos carrileros y dos delanteros centrales. Si bien siguen teniendo obligaciones defensivas, en este tipo de sistemas la clave está en disponer de dos carrileros que en la fase ofensiva estén bien avanzados en el campo (casi en 3/4 del campo), permitiéndole al equipo llegar con una mayor cantidad de jugadores al área rival.

Además, esto facilita la finalización, al contar con dos delanteros que tienen la posibilidad de realizar movimientos en una banda desde adentro hacia afuera para arrastrar marcas y generar que se llegue a la zona de definición con un mínimo de cuatro futbolistas (con los mediocampistas —sea uno, dos o los tres, aunque es más común que lo hagan los interiores— y alguno de los dos carrileros, junto con al menos un atacante). Dentro de los desmarques, llevados a cabo por los delanteros, es importante entender que, si uno de los dos realiza la diagonal hacia un extremo del terreno de juego, el otro deberá cerrar su posición para quedar como la única referencia en el área. De esta manera, se suma a los futbolistas que llegan desde atrás, contabilizando un total de por lo menos cinco piezas en ataque aparte del poseedor.

Particularmente, este sistema táctico le ofrece al mediocentro la posibilidad de adelantarse una mayor cantidad de metros en el campo, ya que su función de cubrir espacios liberados por los laterales (o carrileros, en este caso) al atacar está respaldada por los defensas centrales; ellos pueden hacerlo de manera segura, dado que cuando uno sale a cubrir el hueco dejado por el jugador que se desplegó en ataque por la banda, los otros dos cierran su posición y la última línea queda nuevamente protegida. En materia defensiva, por el contrario, los dos carrileros tienen la obligación de retroceder muchos metros en el campo y conformar una línea de cinco, cubriendo todo el ancho del campo en la zona baja propia.

De esta manera, tanto en ataque como en defensa, el mediocampista central cuenta con una mayor libertad y, desde la ocupación de espacios, una mayor comunicación con los interiores, quienes se repliegan en una zona media.

Imagen 2

En la imagen 2 se observa una línea de cuatro defensores, con los laterales avanzados en el campo, un mediocentro tapón, tres mediocampistas por delante que se desdoblan en 3/4 del terreno de juego e intercambian posiciones entre sí, un delantero por afuera que se mueve por ambas bandas y, más fijo en su ubicación, el delantero centro. En este sistema, la ocupación de las áreas es mayor tanto en tareas ofensivas como defensivas. Se debe a que las coberturas de los defensas centrales hacia delante y hacia afuera son más frecuentes, a lo que se suma la labor del mediocentro, quien debe cubrir la espalda de los laterales o insertarse entre los zagueros según la situación de juego; lo que hace fundamental el funcionamiento del triángulo defensivo (los dos defensas centrales y el mediocentro) o el rombo defensivo (si a esos tres futbolistas se suma al portero). Además, se observan asociaciones por las bandas, con asociaciones entre el lateral, el interior o extremo de ese lado (según las características) y el delantero por afuera, con la posibilidad de sumar al mediocampista central o enganche.

En un sistema de 1-4-1-3-2, la diferencia radica en un mayor equilibrio en defensa, más allá de que base su premisa en el ataque. ¿Por qué? Porque los mediocampistas (tanto el mediocentro como los interiores y el mediocampista central o enganche) se sitúan en campo contrario cuando los laterales ofrecen la progresión por la banda mientras acompañan la jugada, con los jugadores ofensivos intercalándose según el sector por el que avance la maniobra. Es decir, si la acción se desarrolla por la izquierda, el lateral de ese sector será la opción por afuera; si, por el contrario, sube por la derecha, el lateral derecho ganará metros por su lado.

Estos dos ejemplos reflejan muchos de los aspectos comunes para todas las disposiciones, como las diferentes posibilidades para componer la última línea; las modificaciones en los roles de acuerdo con los compañeros cercanos (en el caso del mediocentro con un sistema y otro) y las distintas sociedades en ataque.

EL ANALISTA Y LOS SISTEMAS TÁCTICOS

Es fundamental que el analista entienda los diferentes sistemas tácticos que utiliza el director técnico para su equipo. Asimismo, es clave tener en claro cuáles son las distribuciones más utilizadas por el oponente: luego, eso permite leer, entender y detectar situaciones de juego preestablecidas y entrenadas en la semana; así como las que son modificables durante el encuentro y circunstanciales, ya sea porque alineó futbolistas con diferentes características o porque el rival cambió su disposición.

Esto puede llevar a que el equipo propio necesite cambiar de sistema, tanto por situaciones especiales (como la necesidad de hacer una marca personal) como porque quienes ingresan son diferentes a quienes salen. Para esta última circunstancia, un buen ejemplo es si el lateral derecho titular del contrario tiene características ofensivas y en su lugar entra otro con cualidades defensivas; lo cual lleva a cambiar la estrategia ofensiva, entendiendo que quizá sea más conveniente atacar por el lado opuesto luego de una tenencia de balón en la zona media.

El analista debe saber todo esto. Es posible que consiga esa información llevando a cabo el análisis previo o mientras realiza su labor durante el compromiso, a partir de todas las sustituciones que puede haber por motivos tácticos, de características o por lesiones; así como de acuerdo con las circunstancias, como estar empatando o perdiendo por un gol. Todo esto hará que el analista "lea" la situación en el momento y pueda ayudar al cuerpo técnico aportando una visión periférica en altura (que no se tiene desde el banco de suplentes) para encontrar posibles

soluciones a los diferentes acontecimientos que se puede dar durante la competencia. Por eso, es esencial que todo lo visto anteriormente (los sistemas tácticos y los movimientos de los jugadores) —y que puede variar partido a partido, de local o de visitante, según el adversario o dentro de 90 minutos— se tenga en cuenta para ser un arma más a disposición del *staff* en busca de ayudar a progresar, resolver problemas propios o para doblegar al rival.

Al mismo tiempo, el analista debe saber que el análisis de cualquier situación se termina cuando hay una expulsión en alguno de los dos conjuntos, independientemente de si la sufre el propio equipo o el oponente. Eso desvirtúa lo planificado, ya que el juego 11 contra 10 —o 10 contra 10— no es el mismo porque hay muchos más espacios. Si bien confluyen los factores psicológicos propios del cambio en el juego tras la tarjeta roja, el analista y el cuerpo técnico planifican previamente acciones tácticas y preparan a los futbolistas dándoles herramientas para lograr mejorar la toma de decisiones cuando las pulsaciones se aceleran durante el juego. Para eso se apoyan interdisciplinarmente con la neurociencia (algo que será desarrollado más adelante), aunque es fundamental conocer que esto se realiza antes de la competencia y no dentro de la misma.

En los encuentros solo se analiza lo táctico, ya que el juego 11 contra 11 está en lo preestablecido. Ante una expulsión se termina la evaluación propia, pero también la del rival. Cabe destacar que, si hay que mirar compromisos anteriores del siguiente adversario y en alguno sucede que, a los 15 minutos, expulsan a algún jugador de cualquier equipo, la observación se termina allí. Hay que incluir cualquier gol que haya ocurrido después de ese momento, pero remarcándole al cuerpo técnico y a la plantilla que esos tantos se dieron en una superioridad o inferioridad numérica, según sea el caso.

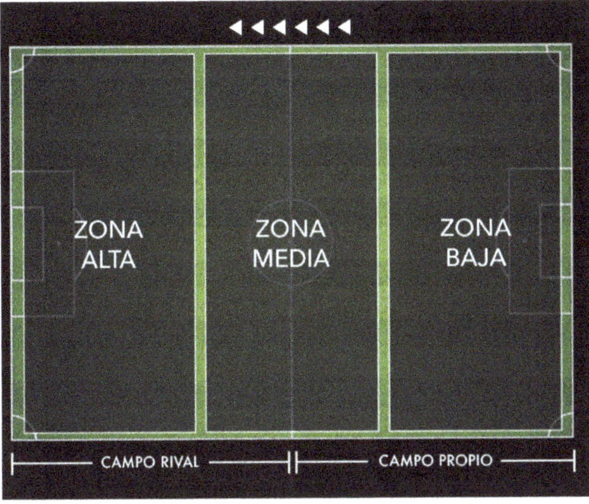

Imagen 3

Para comenzar ahondando en las distintas áreas de análisis dentro del campo, la imagen 3 sirve como guía para demarcar las diferentes zonas en el terreno de juego. Se destacan las zonas de gestación (o baja), de transición (o media) y de finalización (o alta).

GESTACIÓN O ZONA BAJA

Si bien son muchas las cuestiones que abarca la zona de gestación o baja, es pertinente hacer hincapié en las que aborda con frecuencia el cuerpo técnico. Es decir, si se forma parte de un grupo de trabajo que prioriza las salidas del fondo a partir del juego corto y no desde la división del balón desde el guardameta para ir al rebote o la segunda jugada, entonces las progresiones desde atrás se convierten en un tema puntual y principal que se tendrá que analizar inmediatamente después de finalizado un partido.

Además de las salidas de fondo, en este sector del campo es importante considerar otros aspectos: los repliegues de los jugadores propios ante un avance rival; los comportamientos de

la línea defensiva bajo la presión del adversario; los retrocesos a nivel colectivo e individual; la ejecución de movimientos preestablecidos para encontrar espacios y dominar el juego desde la gestación; las circulaciones del balón —si las hay— y el posicionamiento de los futbolistas (si están en el lugar correcto o incorrecto, si se encuentran bien o mal perfilados, si se ubican en línea o pasando de la línea del balón, etc.).

SALIDAS DEL FONDO

Las salidas del fondo se producen cuando se comienza la gestación desde la propia portería. Esta acción se puede producir en corto, en largo o en juego. Cada variante tiene sus propios secretos y comportamientos. Cuando es en corto, el analista debe visualizar, en primer lugar, si los futbolistas están ubicados donde se supone que deben estar. Al mismo tiempo, tiene que ver si se encuentran bien perfilados de acuerdo con la orientación de la acción, si los atacantes contrarios están posicionados para ejercer una presión alta, de 3/4 del campo o si esperan más atrás. Además, si hay movimientos preestablecidos, es fundamental corroborar que se ejecuten correctamente.

Cuando la salida del fondo es en largo, hay que comprobar si la línea defensiva acompaña el golpeo del balón por parte del guardameta con un movimiento hacia adelante, ya que esto es importante para hacer al equipo más corto y colocarse adecuadamente para no dejarle espacios al rival, en el caso de que este gane la posesión; por el contrario, puede ser que tarde en salir más de lo recomendable y queden expuestos a un ataque del oponente. Asimismo, como en otras fases del juego, se tienen que buscar patrones comunes en estas jugadas, como puede ser para qué lado apunta el portero al impactar la pelota (si es que hay un lado predilecto) y quiénes se sitúan allí para hacerse con el balón.

Por otro lado, una salida del fondo en juego es cuando la situación llevó a que se realice un pase hacia atrás al guardameta, por lo que hay un retroceso de la pelota. Para eso, se deben contemplar cuestiones como si el jugador que realizó el pase lo hizo adecuadamente y sin comprometer al portero o si lo hizo bajo presión y exigió una respuesta rápida de su compañero, generando un error o un posible error.

En la codificación de los eventos, hay que diferenciar los tres tipos de salidas y agruparlas según corresponda. Para eso es útil contar con una botonera preparada para ello, dado que le permite al analista optimizar el tiempo cuando el cuerpo técnico pida visualizar algún tipo de progresión desde atrás en la búsqueda de corregir errores. Al disponer de todas estas jugadas seleccionadas según su variante, se achica el margen de error que podría producir tener todas mezcladas en una sola carpeta.

REPLIEGUES

Debido a la posibilidad de cometer una pérdida del balón (ya sea por un error propio o a partir de la presión del rival), en esta zona también es importante analizar los repliegues. Lo que se necesita saber es qué hace la línea defensiva en una pérdida de la línea de mediocampistas, por ejemplo, en función de lo preestablecido. Si tenían que achicar hacia delante o si tenían que replegar, hay que ver si lo hicieron y de qué manera, si de forma ordenada o no. Si estuvieron desordenados, hace falta establecer si existió una cobertura de algún compañero para rearmar esa línea de repliegue, cómo se resolvió la situación, etc.

Esto nos da paso a las coberturas, que pueden darse en un repliegue o en un retroceso. Por ejemplo, si se está jugando con los dos laterales en ataque al mismo tiempo, el cuerpo técnico y la plantilla deben tener en claro que el equipo se está exponiendo a que le jueguen balones cruzados a la espalda de los marcadores de punta; por eso, tiene que estar muy entrenado el sistema de coberturas. Si el defensa central izquierdo está encargado de cubrir el espacio a su izquierda, al mismo tiempo el mediocentro debe insertarse en el lugar que deja vacante el zaguero para relevarlo, con la posibilidad de que el mismo mecanismo se dé por el otro lado.

Imagen 4

LÍNEA DEFENSIVA BAJO PRESIÓN

Asimismo, es importante analizar cómo funciona la línea defensiva bajo presión. Puede ser a partir de una salida del fondo con movimientos preestablecidos y ante la presencia de un rival que intenta recuperar alto, ya que allí también sale a la luz el trabajo en la semana y no solo desde los desplazamientos tácticos organizados. El fruto de los entrenamientos también se ve al momento de resolver situaciones con el apoyo de la neurociencia: tomar decisiones adecuadas, tener una buena visión periférica (para saber dónde está ubicado el compañero) y orientarse con el perfil correcto (técnica individual).

Imagen 5

En la imagen 5 podemos observar una toma gráfica de un en-cuentro entre Vélez Sarsfield y Unión de Santa Fe en una acción en la que este último equipo intenta combinar en la zona baja para sortear la presión que recibe. El local decide bloquear a los posibles receptores ante sus retrocesos, lo que hace que el balón llegue hasta el portero, quien se ve en la obligación de dividir la posesión para saltear la línea defensiva.

RETROCESOS

Los retrocesos implican principalmente a la defensa y a los mediocampistas. Estos quedan involucrados tras una pérdida del balón, cuando deben comportarse en función de lo preesta-blecido y en relación con el accionar de última línea, que puede achicar para evitar rápidamente la progresión del adversario o replegar hasta cierto punto del campo para darle la posibilidad a los volantes de pasar la línea de la pelota y volver a ser una opo-sición en el camino hacia la portería.

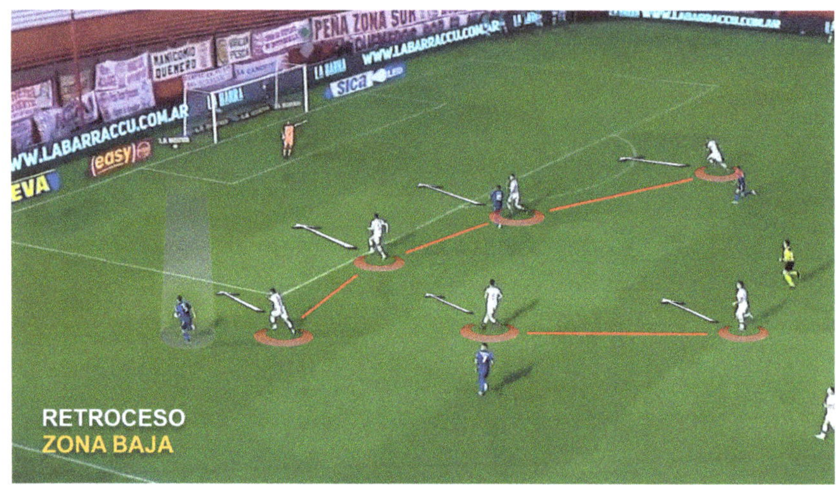

Imagen 6

La imagen 6 muestra cómo la defensa, vestida de blanco, retrocede para intentar llegar a una posición conveniente ante un desborde difícil de evitar. Es importante la postura que mantienen los jugadores mientras se desplazan hacia atrás sin perder de vista a los posibles receptores que llegan al área con ventaja (al correr hacia delante).

MOVIMIENTOS PREESTABLECIDOS

Estos desplazamientos pueden ser colectivos o individuales. Desde la pérdida del balón, los del conjunto se vinculan con si se bascula sobre una zona del campo o no y con quienes son los responsables de las coberturas (no hay que dejar esto librado al azar). Para la salida del fondo, en cambio, apuntan a, por ejemplo, un pase del guardameta para el defensa central derecho, quien al momento de recibir —dentro del área o al costado de la misma— activa otros movimientos: en vez de ofrecerse para asociarse, el lateral derecho opta por estirar la jugada para adelante y para el centro, liberando su lugar para que aparezca el mediocampista interior derecho y, junto con el acercamiento del mediocentro, el zaguero cuente con dos opciones de pase para progresar; así se coordinan los movimientos preestablecidos.

Imagen 7

En la imagen 7 observamos movimientos preestablecidos en el aspecto defensivo. Junior de Barranquilla ataca por la banda izquierda a River Plate, que busca neutralizar el avance con la salida hacia el costado del defensa central de ese lado para cubrir la subida del atacante, a lo que sigue la compensación de un mediocampista, que va al espacio libre dejado por el zaguero para completar la última línea y que el conjunto no quede descompensado ante un posible centro al área.

CIRCULACIONES Y POSICIONAMIENTO

Dichos movimientos abarcan un amplio espectro dentro de las circulaciones y desde el posicionamiento que puede tener el equipo, aunque hay que saber diferenciarlos: desde la ubicación, los desplazamientos de los jugadores se generan sin la posesión, en un entramado de distracciones para promover un pase correcto que quizá sin esos "señuelos" coordinados no podría darse; mientras que, a diferencia de lo anterior, desde la circulación se busca juntar una cierta cantidad de envíos cortos y precisos hasta encontrar el lugar para progresar hacia la línea media.

Por otro lado, en especial al estudiar a un adversario, el analista debe tener claras las diferencias en el posicionamiento individual de los jugadores desde una salida de fondo. Es importante identificar la colocación de cada uno si la propuesta es salir en corto, así como hacer lo mismo con el lugar de los futbolistas si la elección es salir en largo y dividir el balón. En caso de tratarse de un conjunto que se posiciona con los laterales muy cerca de la banda, es fundamental controlar que los mismos se posicionen de esa forma en la salida para corroborar si los movimientos se llevan a cabo de forma correcta o si conceptualmente ya están cometiendo un error que podría devenir en otro (por ejemplo, una posible pérdida en la zona baja). Lo mismo sucede si la elección colectiva es bascular sobre la pelota; es decir, si circula hacia una banda del campo, quienes estén más próximos al carril externo opuesto deberán cerrar su posición hacia el centro del terreno.

Aparte de todo esto, también hay que tener en cuenta el contexto en el que se dan los posicionamientos y las tenencias: si se trata de un equipo que siempre intenta jugar el balón con un cúmulo de pases cortos y precisos progresando en el campo, pero bajo presión decide lanzar en largo para saltear la línea de mediocampistas, el analista debe observarlo y adjuntarlo como un patrón de juego; luego, será el turno del cuerpo técnico decidir cómo conviene actuar en consecuencia.

Otro punto que se tiene que observar, y que marca el estilo de un conjunto, es la dualidad centro-banda y dónde y cómo se desarrollan las acciones. Esto es importante: hay que ir en búsqueda de la dirección de los desplazamientos de los futbolistas, ya que no es igual el comportamiento de un equipo si los movimientos se realizan de manera centralizada a que si se realizan por los costados.

En el siguiente video veremos algunos ejemplos de los posicionamientos y las circulaciones en esta zona:

TRANSICIÓN O ZONA MEDIA

Al igual que con la zona baja o de gestación en los primeros metros del campo (cuando el equipo está en un repliegue o en un retroceso tras un ataque), nos adentramos en la zona media o de transición para desglosar los diferentes movimientos preestablecidos que puede haber (de acuerdo con si se sale jugando o se divide el balón). Esto, obviamente, vuelve a depender del sistema que plantea el entrenador para ir progresando en el terreno de juego.

El término zona media aplica mejor cuando se pueden analizar los movimientos del rival o los del propio equipo (para un análisis interno), mientras que la variante "de transición" se corresponde más cuando en ese sector no sucede mucho desde lo futbolístico. Por ejemplo, si se estudia a un determinado oponente que suele dividir el balón desde los defensas centrales hacia los delanteros, la nomenclatura más adecuada es la segunda, ya que no hay una generación de juego ni tampoco desplazamientos coordinados. Si observamos que dicho accionar se repite constantemente, apareciendo durante 5 o 6 partidos, entonces se trata un patrón bien marcado.

Por otro lado, es posible hablar de una zona de transición lenta o rápida: con ejemplos del propio conjunto; la primera opción abarca una tenencia usando el ancho del terreno porque el rival está muy replegado, entonces en la búsqueda de los espacios se recurre a una posesión larga con el movimiento de la pelota de un lado hacia el otro hasta que, gracias a los movimientos de los jugadores, se genera el espacio para poder romper esa línea defensiva compacta y replegada; la segunda, en cambio, se refiere a una salida rápida en contrataque, como puede ser luego de enfrentar una pelota parada en contra o de recuperar en el mediocampo, en la que los futbolistas que transitan esa parte del campo son directos para trasladar la pelota o jugarla al ataque con el objetivo de finalizar —sea por el centro o las bandas— en lugar de gestar de manera más pausada.

Hay muchas maneras de llamar a una transición, y suele estar emparejado con una zona. En este caso, vimos el funcionamiento de un equipo en un sector determinado. De esta forma, se puede evaluar si un conjunto tiene movimientos en ese sector, como basculaciones, comportamientos tras la pérdida del balón, el retroceso de los mediocampistas (si es rápido o lento, con oposición o apuntando a superar la línea de la pelota), la proyección al ataque de los laterales (si lo hacen al mismo tiempo o intercalados) y si lo realizan correctamente o van más allá de la altura del esférico; y si el avance es por un lado, qué debería hacer el marcador de punta del lado opuesto, entre otros aspectos

Es importante tener en claro estas acciones a la hora de observar partidos. Desde lo propio, saber qué es lo que quiere el director técnico para entender si los movimientos y los posicionamientos son correctos o no. Desde la perspectiva del adversario, notar esos patrones marcados que permitan gestionar un plan de ataque para crear peligro. Por ejemplo, si se detecta un mecanismo marcado del rival que consiste en lanzar a los dos laterales al mismo tiempo, es posible establecer acciones de balones largos hacia su espalda, donde habrá espacios.

Esto también se puede ajustar a partir de una modificación en la distribución. Por ejemplo, como sucedió en el River Plate de Gallardo en el año 2020: la premisa fue cambiar el sistema táctico, introduciendo un tercer defensa central para poder liberar a los dos carrileros en ataque y suplir la función de Enzo Pérez, el mediocentro, que establecía que cuando el equipo jugaba con una línea de cuatro defensores él debía insertarse entre los zagueros para que, ante los envíos largos del oponente en los contrataques, ellos pudieran relevar a los laterales según correspondiera. Entonces, al disponer de tres defensas centrales, se le permite al mediocentro "soltarse" para poder atacar con un futbolista más, generando una mayor disposición ofensiva sin descubrir la zona baja ante un balón cruzado por la banda.

Si se nota algún desfasaje en el rival porque los laterales hacen el retroceso lento y, además, la última línea no da un paso hacia adelante para achicar espacios, sino que comienza a correr hacia atrás para replegar (lo que genera que el equipo quede partido al medio), ya se sabe que se va a poder jugar por esa zona. Entonces, es recomendable poner futbolistas a espaldas del mediocentro contrario con un mediocampista interno o de creación.

La zona media suele ser una zona de análisis muy específica, ya que, si un conjunto brinda mucho en ofensiva y no es sólido en defensa, puede suponerse por dónde lastimarlo. Termina siendo fundamental, por ende, estudiar el desempeño de un equipo en este sector: como se dice habitualmente: "Si se gana la mitad del campo, tenemos resuelto el 70 % del encuentro". Y lo mismo sucede para el propio rendimiento. Por ejemplo, si se ve una acción de peligro, se retrocede la jugada y se detecta que la llegada se produjo por una pérdida en esta parte del terreno, el análisis ya se enfoca en esa franja. Allí es que, una vez más, surge la constante búsqueda del porqué.

TENENCIA O JUEGO DIRECTO

En el estudio de lo propio, hay que observar en qué condiciones y cómo se produjo una tenencia del balón: si el equipo dio 15 pases seguidos, pero todos fueron entre lateralizaciones y toques hacia atrás con pases de seguridad, entonces no se tiene que contemplar esa secuencia. Sí se puede hacer, pero para intentar detectar la causa por la que se debió jugar hacia los costados o hacia atrás. Esto, seguramente, mostrará evidencia de falta de movimientos en la delantera o de malas elecciones de los poseedores. De esta forma, se combinan los análisis: el individual lleva al colectivo, y viceversa. En la continuidad de la evaluación de las jugadas, viendo qué es lo que decidió hacer el futbolista en esos casos, es que se pueden corregir los errores.

En cuanto al juego directo, si quien lo ha aplicado es el propio conjunto, hay que observar que esas maniobras hayan finalizado de alguna manera. Porque si se ha trabajado en la semana para una búsqueda veloz y en el partido se pasa la zona media para llegar a la de finalización sin concretar nada, es necesario buscar los porqués (una mala decisión, por ejemplo).

Imagen 8

En la imagen 8, correspondiente a un ataque de Aldosivi, podemos observar cómo el jugador resaltado, situado en la zona media (en su lado del campo), decide saltear con un balón largo a los mediocampistas y los defensores rivales. El objetivo es que su compañero ataque la caída del envío con una carrera hacia delante y remate a portería desde una posición favorable.

BASCULACIONES

"Se dice de los movimientos que realizan los componentes de un equipo o de una línea específica que consisten en orientarse y moverse hacia la banda en la que el contrario está jugando el balón con el objetivo de reducir los espacios libres e intentar recuperar" (Luque, 2013).Esa definición es desde un concepto global. Luego, la aplicación en el campo depende de la idea de juego del director técnico y de qué sistema se utiliza. En el análisis propio, por ejemplo, si la elección es bascular con todos los jugadores que uno solo estire, hay que ver si se llevó a cabo de manera correcta o, por el contrario, no fue posible realizarlo en correspondencia con lo pedido por el entrenador.

Imagen 9

En la imagen 9 podemos observar cómo nueve jugadores del equipo blanco basculan hacia el sector izquierdo del campo, ya que allí se encuentra la salida del balón llegando a la zona media. De esta manera, el conjunto se vuelve compacto e intenta continuar con la circulación del balón realizando toques cortos y seguros.

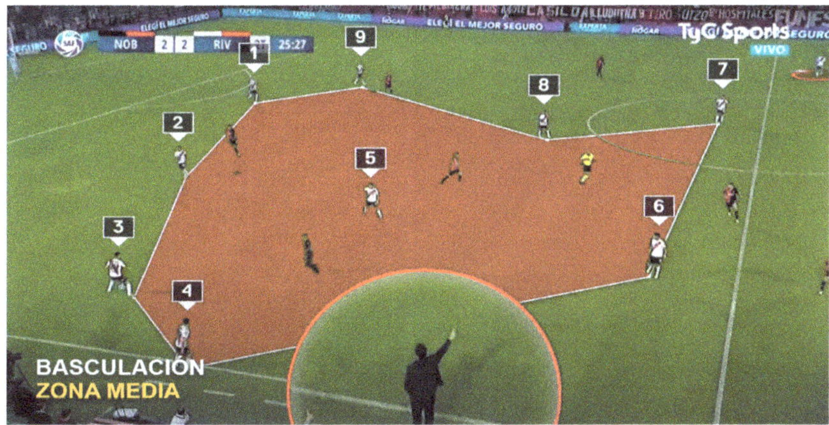

Imagen 10

La imagen 10 muestra una acción en la que River Plate bascula con nueve jugadores hacia la banda derecha, puesto que allí se desarrolla la progresión. A diferencia de la imagen 9, en este caso el director técnico, Marcelo Gallardo, hace una seña con la intención de que su jugador realice un pase largo y cruzado hacia la banda izquierda, donde un solo jugador estira (destacado arriba a la derecha de la imagen 10) y se desprende de los compañeros y los rivales para generar una posterior situación de 1 contra 1 si el balón le llega correctamente.

Imagen 11

Por último, en la imagen 11 complementamos otro ejemplo de una basculación en esta zona estableciendo cortas distancias entre los jugadores. Esto se realiza en relación con el movimiento del balón, que va de la derecha hacia el centro, por lo que el lateral izquierdo (que en la imagen 11 está iluminado) estira por su banda. Este futbolista sabe que la intención del equipo es que el balón le llegue limpio a él para progresar por su sector con un mayor campo a disposición y una menor cantidad de rivales que sortear.

DESMARQUES

Dentro de la zona media o de transición, los movimientos de desmarques consisten en buscar los espacios vacíos. Siempre hay que tener en cuenta que se divide en dos partes: con o sin el balón. Una va atada de la otra, pues si un jugador sin la pelota ocupa un lugar libre, seguramente sea una opción de pase para un compañero. Y cuando reciba, "romperá" al hueco que los otros futbolistas le ceden para prosperar en una zona del campo en materia ofensiva. En definitiva, desmarcarse es ofrecerse para poder ser el destinatario de un pase.

Imagen 12

Los jugadores deben aprender a convivir con situaciones de desmarque. Sin ellas, se dan dos problemas: no habría opciones de pase en el caso de que se esté tratando de progresar con el balón dominado en esa zona del campo, así como no se podría ser oposición en el caso de que haya una pérdida (probablemente, porque un jugador transita con la posesión al no haberse realizado los desplazamientos correspondientes).

MALAS ELECCIONES

Las malas decisiones pueden ser producto de diferentes situaciones. La mejor manera de establecer si hubo una mala elección de un futbolista con o sin la posesión del balón es retrotrayendo una llegada del rival a nuestra portería hasta poder detectar el origen de esa acción y establecer por qué sucedió de esa manera. Mayormente, son fallas del equipo que se fueron sucediendo para que se gestara el avance del contrario. De esta manera, si hubo un error, es deber del analista buscar los motivos de por qué sucedió.

Por ejemplo, si un futbolista eligió hacer un *dribbling* en un 1 contra 1 y no tuvo éxito, puede que la mala decisión se haya dado por dos motivos: por una cuestión personal, porque tenía una mejor opción para encontrar a un compañero, o por algo ajeno a él, ya que sus compañeros no llevaron a cabo los movimientos

correspondientes (desmarques) para recibir. Así, la pérdida innecesaria será catalogada como provocada por una mala elección o por la falla de los otros futbolistas, lo cual llevó al poseedor a tomar esa determinación errónea.

Inmediatamente después, el foco del análisis debe pasar a estar en el posicionamiento del equipo, sobre todo de los jugadores que no tenían el balón: dónde se encontraba la línea de mediocampistas y dónde se ubicaban los delanteros; además, qué tenía que hacer cada uno en ese momento, en comparativa con lo que ocurrió luego de la cesión de la tenencia. Si antes de la pérdida debían estar desmarcándose para ser una opción de pase para el portador del balón, luego de la misma tenían que volver a posicionarse para ser una oposición para el adversario.

Además, es necesario evaluar si el retroceso fue rápido o lento. Hay que individualizar quién volvió velozmente y quién lo hizo de manera más pausada o si todos lo hicieron de la misma forma. Esto permite saber si el bloque se armó de la mejor manera.

Por otro lado, también hay que analizar qué hizo la línea de fondo: si tenía que achicar hacia delante y lo hizo; o si, por el contrario, se replegó, debido al lento retroceso que generó huecos aprovechados por el rival.

Si el contrario finalizó la llegada hacia nuestra portería por la banda, es importante observar dónde estaban los laterales (pasados de la línea del balón o siendo oposición) y también tener en cuenta dónde se encontraban estos dos jugadores al momento de la pérdida. Esto depende de la propuesta del equipo, si ataca con ambos al mismo tiempo o solo con uno: por ejemplo, si la acción venía prosperando con el mediocentro, que estaba orientando la jugada hacia la izquierda y el lateral de ese lado se ofreció en el momento justo en el que su compañero perdió el balón, está haciendo el movimiento indicado; en cambio, si el marcador de punto estaba pasado diez metros al momento de la progresión del mediocentro y este aún no había dado indicios de orientar la maniobra hacia su lado, allí sí hay que remarcarle esta situación al futbolista para que entienda en qué momento debe ofrecerse para ser una opción de pase sin quedar mal parado.

De esta manera, se lleva a cabo un análisis individual y colectivo para entender por qué se generó el error, en la búsqueda de corregir cada situación puntual desde que comienza la acción hasta que se finaliza.

PRESIÓN TRAS PÉRDIDA

Este comportamiento se haya estrechamente ligado a una mala elección, puesto que, si el conjunto pierde la posesión y vuelve a ser oposición, puede presionar en la zona media. Esto se da porque una vez que se pierde el balón hay que volver a retroceder en búsqueda de impedir la progresión del contrario. Ya alineado en bloque y sabiendo que la línea defensiva también acompaña el movimiento sin dejar espacios entrelíneas, el equipo puede tratar de presionar intensamente para intentar recuperar rápidamente.

PASES INDIVIDUALES

En este apartado, la intención es hacerle un seguimiento individual a cada jugador. El entrenador suele darles importancia a los pases en la zona media porque allí es donde se gestan las jugadas, ya sea a favor o en contra. Si los envíos salen bien, hay movimientos y se cuida el balón, normalmente sucede algo positivo. Si la finalización no es buena, puede ser que no se haya elegido bien el último pase. Aun así, no hay que obviar que la tenencia previa de balón en la zona media posiblemente haya sido buena de igual manera.

Por otro lado, este análisis también sirve para cuando el club debe enfrentar las renovaciones de contratos (algo que también está vinculado con el *scouting*): en toda la estadía de cada futbolista en el club se generan archivos individuales que servirán para observar los partidos de cada uno, lo que permite sumar un elemento a la decisión para estudiar su evolución o involución en ese lapso.

Habiendo codificado los encuentros de manera individual, el analista puede brindarle al cuerpo técnico la información de cada jugador de manera personal, sumando todas las acciones en las que participó (viendo 15 segundos antes y 15 segundos después de su intervención). Así, es posible observar dónde estaba posicionado ese futbolista y qué hizo después de desprenderse del balón. Esto permite apreciar si se desmarca, si ocupa los espacios correctos, si tiene buenas elecciones, si se desentiende del juego, si hizo una cobertura correcta o no, si su retroceso fue lento o rápido, entre otros aspectos.

Esta manera de analizar a cada integrante de la plantilla da la posibilidad de comprimir partidos completos en videos de 25 minutos aproximadamente, solo tomando las acciones que son relevantes para el caso. Esta herramienta es importante para optimizar los tiempos.

En el video anterior, vemos una acción de gestación del Bayern Múnich (el equipo de blanco) y cómo nueve jugadores basculan sobre la banda derecha y uno estira sobre la banda opuesta. En la primera línea, el mediocentro se inserta entre los defensas centrales formando un triángulo con los dos internos (destacado en amarillo), mientras que el lateral derecho (alumbrado de negro) busca asociarse y se le ofrece como opción de pase al extremo derecho; pero cuando visualiza que no hay posibilidad de progresión por esa banda por el asedio de cuatro rivales, ayuda, recupera el balón y posteriormente predispone al resto del equipo a que cambie la orientación de la maniobra. A su vez, el adversario permite que los movimientos no sean tan rápidos porque bascula de manera lenta (el lateral derecho se reposiciona caminando despacio). La acción progresa sobre el lado izquierdo con el balón llegando hasta el lateral izquierdo, quien centra para los cuatro compañeros que llegan al área.

"Desorden ordenado" es el término que se emplea para describir la fase ofensiva de un equipo que mantiene una buena ocupación de los espacios independientemente de que los jugadores ubicados en cada sector no sean los habituales de ese lugar. En el caso del video anterior, Milton Casco (quien habitualmente se desempeña como lateral izquierdo) está en una posición de interior izquierdo, mientras que quien ocupa su posición en la banda es Ignacio Fernández (el interior derecho). Casco mira tres veces hacia su izquierda para interpretar qué es lo que está pasando en su lugar "normal" (el de marcador de punta) y le da la orden de permutar a Fernández.

En la jugada, Exequiel Palacios (quien inicia como interior izquierdo) está recostado sobre la derecha, se asocia y corre en diagonal hacia el sector opuesto. Javier Pinola, el defensa central izquierdo, elige jugar en largo y hacia delante con Nacho Fernández —que sigue dispuesto como lateral izquierdo—, quien tiene dos claras opciones de pase: Palacios, que cortó hacia la izquierda, y Casco, quien se encuentra en el centro del campo. Fernández opta por asociarse con Palacios, mientras que Casco estira hacia el hueco generado por la banda a partir de la atracción creada por el juego corto entre los dos mediocampistas. Luego, el lateral recibe el pase de un Fernández que, a su vez, luego rompe por adentro, recibe la devolución y supera las líneas defensivas del oponente (Central Córdoba de Santiago del Estero). La acción termina en gol.

El video anterior refleja una jugada de basculación con apoyos y estiramiento del lado opuesto. Hay nueve hombres en el lado del balón, siendo el N° 5 el apoyo. En el sector contrario (arriba a la derecha) se encuentra Nacho Fernández abriendo el campo. Por su parte, el entrenador (resaltado) indica que cambien de frente. El envío largo sale para Fernández, quien domina y, con

una situación de 4 contra 4 en el área, da el pase al medio para que la acción termine en gol.

Para finalizar con los conceptos desarrollados en esta zona, a continuación, veremos distintos comportamientos: la circulación, el posicionamiento, los retrocesos y repliegues, el juego directo y los lanzamientos en largo luego de recuperar el balón.

FINALIZACIÓN O ZONA DE ATAQUE

Al igual que en la zona baja o la media, en esta parte del campo analizaremos acciones individuales y colectivas. El énfasis estará en los 1 contra 1, las basculaciones, la ocupación de los espacios, las proyecciones por las bandas, la presión alta y los movimientos individuales.

Lo que hay que tener en claro como analistas es el estilo de juego del entrenador y el sistema táctico que elige. Con base en ello, se pueden saber movimientos preestablecidos que deben darse dentro del campo de forma individual para luego trasladarlo a lo colectivo. Desde allí, es posible observar las coberturas para no quedar en inferioridad numérica y la ocupación de los espacios para generar superioridades numéricas.

OCUPACIÓN DE LOS ESPACIOS

Con y sin el balón, el analista debe observar los desplazamientos de los futbolistas en una acción: su comienzo, quién la inicia y si luego ese jugador participa de la finalización (además de si termina o no en gol). En el caso de la imagen 13, el equipo blanco utiliza las bandas para atacar; trata de sumar elementos por la banda intentando llegar al fondo del campo para finalizar con un pase hacia atrás (con cuatro compañeros en o cerca del área).

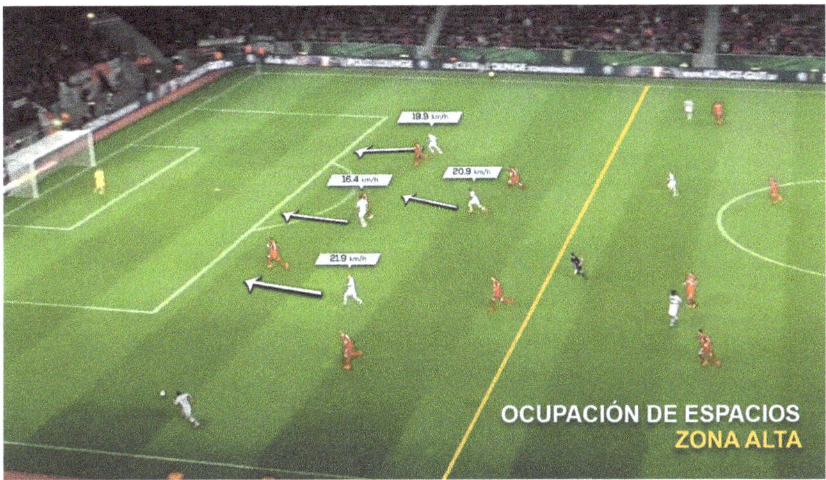

Imagen 13

La importancia de generar siempre superioridades numéricas hace que el equipo que está atacando tenga más opciones de convertir. No es lo mismo llegar al borde del área con la portería de frente y varias opciones de pase para anotar —situación en la que se puede optar por buscar un 1 contra 1 o dar un pase— a tener que apostar por el *dribbling* de manera obligatoria. De eso se trata el fútbol: el mismo jugador que acompaña la jugada y permite dar un pase, puesto que genera una ventaja en cantidad y hace que el oponente no sepa certeramente qué va a hacer el poseedor (independientemente de que el acompañante sea defensa, mediocampista o delantero), automáticamente después de la pérdida debe ser oposición.

De esa manera, también se genera una superioridad numérica contra el adversario y se cuenta con mayores opciones de recuperar el balón más rápidamente. Y si esa oposición se lleva

a cabo en la zona de la pérdida, el equipo tendrá que realizar un recorrido menor para recuperar. Si no se hace ese esfuerzo de apretar en una zona alta, el futbolista deberá recorrer más terreno hasta el sector más retrasado en el campo en el que se consiga recuperar.

El sistema invita a que haya una presión tras pérdida para aprovechar los espacios que se ocuparon hacia delante con los diversos jugadores que llegaron a la zona de finalización; estos vuelven a ser oposición en vez de replegar, justamente para acortar los huecos y volver a tener la pelota sin mucha demora. De esa manera, indirectamente, se miden las cargas físicas.

Esto se relaciona con una frase de Raúl Pelaez, cabeza del departamento de neurociencia y tecnología del FC Barcelona —que en su momento contaba en la delantera con Lionel Messi, Luis Suárez y Neymar—, sobre cómo habían trabajado para convencer a estos atacantes de presionar tan alto. Su respuesta fue que se trabajó desde esa área del club y la estadística: se les demostró a los tres futbolistas que, si ellos hacían el esfuerzo de apretar en la primera acción, luego de ceder la tenencia o en una salida del fondo realizada en corto por parte del rival, terminarían recorriendo menos metros en el campo para quitar que si, en cambio, comenzaban desde más atrás.

ACCIONES DE 1 CONTRA 1

El analista debe saber cuándo está bien y cuándo está mal que el futbolista opte por la jugada de 1 contra 1. Por ejemplo, si el enganche quiere hacer una finta en la zona media, se comprende que está mal porque puede encontrar al propio equipo mal posicionado en el caso de perder el balón, con compañeros pasados de la línea de la pelota al estar mostrándose como opción para recibir un pase. En esas situaciones hay que marcar una mala elección por parte del jugador, continuado de una pérdida innecesaria.

Si, por el contrario, el enganche prevalece en ese 1 contra 1, luego la maniobra se diluye, se cede la posesión y en la continuidad se da un gol del rival, al retroceder en la jugada es necesario volver a centrar la atención en el error inicial de proponer un duelo individual. Lo que se marca en ese caso es una mala decisión que no deriva en una pérdida por casualidad, pero que generó que, seguramente, posteriormente se perdiera el balón.

Imagen 14

En la imagen 14 vemos un escenario en el que está bien elegida la búsqueda de una gambeta para superar a la marca. Ante la imposibilidad de progresar con la circulación en la zona alta, el jugador de Aldosivi (iluminado) opta por intentar eludir al defensa, jugando un 1 contra 1 en la banda derecha. Si logra éxito en esa acción, sabe que posiblemente se le facilite la llegada al área contraria con el balón dominado y una situación favorable de 3 contra 2 (se ven jugadores llegando al área).

BASCULACIONES

El analista debe atar cabos permanentemente. Continuando con el ejemplo planteado anteriormente, si la pérdida provocada por una mala elección de un jugador se da en una situación en la que todo el equipo se encuentra volcado hacia la izquierda y él decide llevar el balón hacia la derecha, teniendo posibilidad de jugar para el otro lado para generar un 2 contra 1 y finalizar por la banda, el error se marca en ese aspecto.

Por estas razones, es fundamental saber si al entrenador le gusta jugar con un conjunto ancho o con uno que se vaya moviendo por la zona que se encuentra el balón para generar superioridades numéricas. Muchas veces, los directores técnicos suelen decir que hay que dejar a los oponentes que jueguen amplios si así

lo desean; porque hasta que la pelota le llega al jugador que está en el lado opuesto hay un margen de tiempo como para hacer el movimiento lateralizado y alcanzar la otra zona, desplazándose en bloque y teniendo siempre uno o dos jugadores más.

Por otro lado, es importante saber qué libertades les da el entrenador a los futbolistas: si en la puerta del área hay uno que tenía dos compañeros por las bandas mejor posicionados y optó por intentar el 1 contra 1, hay que saber si el director técnico le otorgó previamente esa libertad en la gestación o en la finalización, ya que eso permite saber si esa acción se marca como error o no.

PROYECCIONES POR BANDA

En este apartado el análisis se centra en si los jugadores atacan (o no) por las bandas, si van a la segunda jugada o si inician desde allí (las salidas del fondo se evalúan aparte). Las progresiones desde la propia portería se observan a partir de una finalización en la meta rival, retrotrayendo la maniobra hasta encontrar su inicio para determinar si fue a partir de una iniciación desde atrás con una posterior tenencia y progresión en el campo, concluida con una finalización o llegada al tanto. Por otro lado, se puede analizar si hubo buenos movimientos preestablecidos, proyecciones por una banda y aproximaciones al gol.

El ABC del análisis ofensivo de un partido tiene que ver, entonces, con retroceder avances propios que terminaron en remates convertidos, en disparos desviados, en aproximaciones a la meta, etcétera, hasta encontrar el porqué (o los porqués) de cada maniobra. Suponiendo que en la semana se haya trabajado mucho con los laterales en su ataque por la banda para finalizar, hay que ver distintos aspectos: si esto se concretó, si quienes cumplieron esa función efectivamente se proyectaron o hicieron otros movimientos, cómo fueron esas subidas, qué hicieron los mediocampistas, si ayudaron a cumplir con la cantidad mínima de jugadores que busca tener el entrenador en el área para concluir las ocasiones (por ejemplo, con cinco piezas), entre otros.

Lo mismo sucede ante acciones negativas: por plantear un caso, si hubo una mala finalización por una mala elección individual, incluso dentro de una buena secuencia colectiva; el analista puede darse cuenta de eso retrotrayendo en las imágenes para determinar y marcar las diferentes decisiones y ejecuciones. Entonces, el trabajo consiste en hacer una confluencia entre lo que solicitaba la jugada, lo que intenta imponer el entrenador desde su impronta y su estilo, y lo que terminó haciendo el futbolista. Con base en estos parámetros, se establece si lo sucedido fue una mala determinación o si, efectivamente, se hizo lo que correspondía y aun así no resultó.

Suponiendo que el jugador eligió rematar porque la acción lo pedía, pero tenía, a su vez, dos opciones de pase —dos compañeros cerca, uno en cada banda—, el analista debe remarcar la mala elección y, al mismo tiempo, resaltar a quienes acompañaban el ataque y no recibieron. Es importante remarcar su recorrido para llegar hasta esa posición y ofrecerse; si no, después no lo van a hacer. Es una manera de destacar que se llevó a cabo lo que se trabajó en la semana, pero luego fue una mala determinación del poseedor en el contexto de la competencia.

De esta forma, es posible saber si las elecciones tomadas en el encuentro están vinculadas a lo entrenado, incluso si lo planteado en las prácticas estuvo relacionado con el rival, puesto que muchas veces el planteo depende de quién es el oponente y lo que se haya evaluado de su juego. Lo mismo ocurre con las indicaciones que se hayan dado en los días previos al enfrentamiento, si fueron ejecutadas o no. También hay que tener en cuenta todas las anomalías que pueden darse dentro de un partido. Para esto, es muy normal que los analistas estén con intercomunicadores, lo cual permite ayudar al cuerpo técnico en la corrección de distintos aspectos durante los 90 minutos, ya sea por cambios posicionales, tácticos o de nombres del conjunto contrario.

Entonces, si bien siempre es importante el plano abierto, en este caso es fundamental porque, a pesar de estar enfocados en la zona de ataque, así es posible ver, por ejemplo, que un lateral no estaba a la altura a la que debía cuando el equipo atacaba. Lo que permiten estas tomas es visualizar en dónde está, por qué está allí y cómo quedan las marcas mientras se desarrolla la fase ofensiva, entre otros puntos.

Por eso, un interrogante común puede ser dónde ubicar esa jugada: aunque se trata de la zona de ataque, el foco termina estando en los defensores (externos). Lo primero que hay que tener en claro es que, si fue una jugada en la que el balón dio en el travesaño y salió, se retrocede y se comienza a ver que el inicio fue con una salida del fondo, entonces ese corte o clip debe colocarse en la parte de finalización. ¿Por qué? Porque es el final de la maniobra, lo que no quita que se la pueda recortar desde que

empieza. Por ende, lo que se muestra es que se llegó al objetivo y también cómo.

Imagen 15

La imagen 15 muestra cómo el jugador de Chile (de blanco) progresa con campo abierto por la banda derecha en la zona de ataque, disponiendo del balón sin oposición cercana. Por eso, puede decidir seguir avanzando y adentrarse en el área en diagonal o enviar la pelota hacia el centro, por donde llega su compañero de cara a la portería.

APROXIMACIONES Y LLEGADAS A LA PORTERÍA

Ambos conceptos suelen relacionarse y, en cierto modo, utilizarse erróneamente como sinónimos. Aquí veremos las diferencias desde el ojo del videoanalista. Suponiendo que se tiene una aproximación, hay que evaluar si la misma finalizó como situación de gol o, por el contrario, no concluyó en nada. En el último de los casos, en lugar de desechar la acción por considerarla improductiva, es necesario retroceder en las imágenes para dilucidar si su génesis o gestación sí entrega material provechoso para desglosar.

A su vez, al momento del partido, el analista tiene la posibilidad de codificar las aproximaciones y/o las llegadas agregando el sector preciso por el que se produjo, pues al tocar el botón de código con el nombre "aproximación" o, al revés, "llegada", en cada software específico de videoanálisis se abre una ventana con el terreno de juego dividido en tres carriles: el izquierdo, el central y el derecho. Esto sirve para encasillar los avances en centrales o por las bandas, en busca de patrones de juego comunes. Una vez hecho esto, la pantalla mostrará a los once jugadores distribuidos tácticamente en el campo para seleccionar el nombre de quien finalizó la maniobra y así completar el proceso y generar el archivo exportable. De esta manera, el analista genera una mayor cantidad de datos a nivel colectivo e individual.

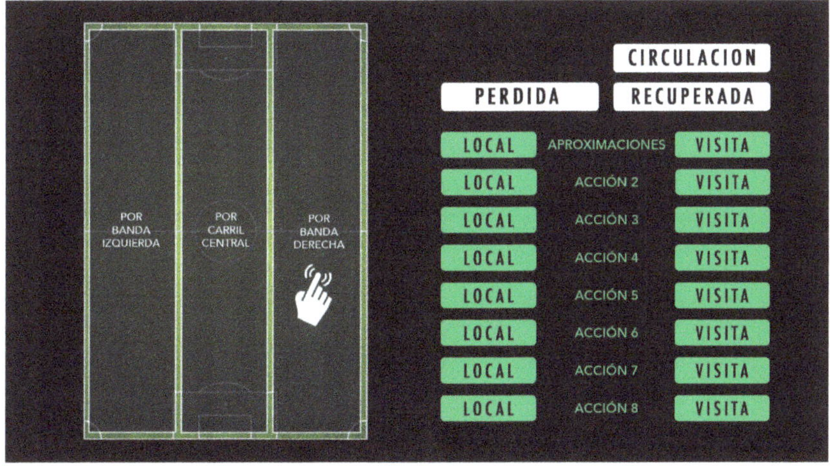

Imagen 16

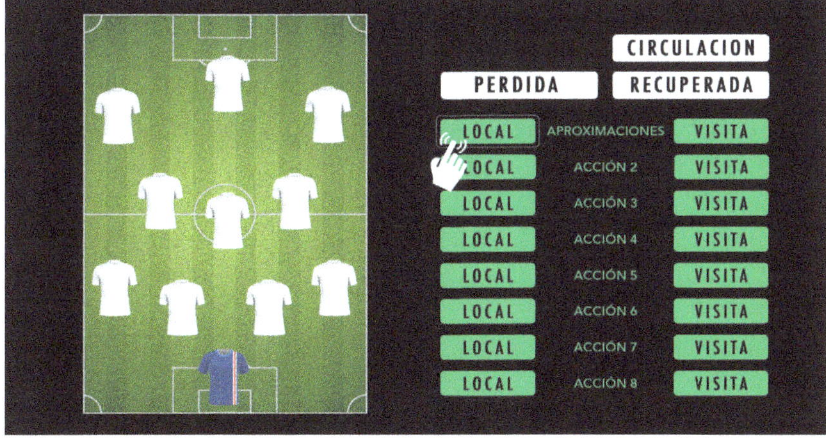

Imagen 17

Anteriormente, el analista compilaba las aproximaciones dentro de las llegadas, en una suerte de subdivisión que no llegaba a ser tal y generaba que el dato no fuera del todo preciso: al entregar el reporte, el cuerpo técnico se veía obligado a ir separando aquellas acciones que terminaron en un remate y, como vimos, aquellas que no, perdiendo un valioso tiempo de trabajo.

Imagen 18

En esta oportunidad, la imagen 18 muestra un ejemplo de una llegada a la portería rival, la cual se finaliza con un remate desde fuera del área penal.

PRESIÓN

En este punto, el analista debe observar los comportamientos defensivos de los delanteros de acuerdo con los patrones de juego, como pueden ser la presión ante una salida del fondo del rival, el comportamiento tras una pérdida, el trabajo ante un retroceso del balón (si los atacantes deciden apretar solo cuando la pelota es enviada hacia atrás por el contrario), etc.

Luego de haber repasado todas las opciones de finalización que ofrece esta zona, a continuación, observaremos algunos ejemplos de lo que puede suceder en este sector. Por ejemplo, el posicionamiento de los futbolistas, la circulación de los jugadores con y sin el balón y las finalizaciones, ya sea por una banda o por el carril central.

BALONES RECUPERADOS Y PERDIDOS

Si se trabajan las acciones del equipo propio en el pospartido, en el caso de los balones perdidos, indefectiblemente, se llegará a los recuperados al revisar las acciones y retroceder. Si fue una jugada propia, hay que trabajar sobre lo macro debido al poco tiempo de trabajo.

Una frase común es: "Uno puede recuperar la pelota porque otro lo pierde", aunque no sirve para la estadística. Salvo que sea forzado por una presión, es decir, cuando el adversario se equivoca en un pase tras un buen trabajo de ahogo. En cambio, si el rival falla con el balón y este cambia de mando, esto no puede ser contabilizarlo como un quite.

En el caso de que se genere una presión sobre el oponente y no se logre interactuar sobre el esférico para el robo (por ejemplo, si el adversario se equivoca por estar incomodado y lo envía fuera del campo), se contabiliza como una recuperación luego de una pérdida del contrario. Lo mismo aplica para los quites a continuación de una equivocación propia: si se pierde el balón, se aplica una presión de manera inmediata para intentar volver a conseguirlo (lo que se conoce como "presión tras pérdida").

Entonces, si el rival equivoca un envío y la pelota vuelve a estar en posesión propia, esa jugada no tiene que ser codificada. Por ende, no se presentará en imagen: aunque sí estará en el partido completo, no será tenida en cuenta para el análisis. Lo mismo sucede si un futbolista propio ejecuta un gesto técnico defectuoso y pierde el esférico sin que el adversario lo haya molestado: hay que tomarlo como una pérdida innecesaria (se evalúa individualmente, no en lo colectivo).

Cuando se realiza la codificación de los balones perdidos, el analista obtiene una cantidad de datos precisa y concreta para analizar: al tener la posibilidad de establecer quién cedió la posesión en un determinado sector del campo, cuando se compilan dichas secuencias se pueden sacar conclusiones sobre cuestiones importantes para el cuerpo técnico. Por ejemplo, estas pueden ser:

Que la mayor cantidad de pérdidas en un sector del terreno se deban a errores técnicos de un jugador específico o de varios.

Que la mayor cantidad de pérdidas en un sector del terreno sean derivadas de errores tácticos de los futbolistas implicados.

Al tener la precisión de esta información, el cuerpo técnico puede trabajar en lo sucedido. Es posible que sea útil para encontrar un patrón de errores técnicos o tácticos de manera individual o colectiva para el siguiente encuentro.

Lo mismo sucede para los balones recuperados: si bien es una acción positiva para el conjunto, si se da la situación en la que un jugador quita en una zona en la que no tenía que estar posicionado, aunque fue beneficioso para el juego se le puede marcar la falla al mostrarle cómo había descuidado su sector y lo que podría haber sucedido si no conseguía el robo.

ACCIONES AMBIGUAS

En este caso, se marcan acciones negativas dentro de una acción positiva. Se debe a que, si bien la jugada se gestó y se finalizó, quizás algún futbolista no hizo lo que debía o lo realizó, pero luego se desentendió de la maniobra. Eso se marca, y por eso luego es posible trabajarlo de forma individual. Esto último, entrenar aspectos de manera personal a partir de un error, lo lleva a cabo el cuerpo técnico, a excepción de que se le dé la libertad de hacerlo al analista.

Asimismo, puede ocurrir que dentro de una misma acción se encuentren intervenciones positivas y otras negativas. Por ejemplo, cuando hay una buena ocupación de los espacios y una mala toma de decisiones en la finalización. Esto sirve para mostrar varias cosas dentro de la misma jugada.

ACCIONES A BALÓN PARADO

Uno de los puntos más importantes para el análisis, tanto de lo propio como de lo del rival, está en las situaciones a balón parado. Muchos partidos se resuelven por esta vía, por lo que es fundamental dedicarle tiempo al estudio de este apartado. Las acciones que un analista debe tener en cuenta son: tiros libres a favor; tiros de esquina a favor; tiros libres en contra; tiros de esquina en contra; saques de banda y penales.

TIROS LIBRES A FAVOR

En este caso, de acuerdo con la estrategia planeada por el cuerpo técnico, hay que analizar los siguientes puntos:

Identificar quiénes son los encargados de ejecutar los tiros libres.

Corroborar si el/los ejecutante/s son diestros o zurdos y desde dónde patean (si con el pie abierto o cerrado, de lo que depende la curva del balón).

Comprobar la disposición de los futbolistas en ataque para los tiros libres y en qué lugar se posicionan: cuántos de ellos van al primer poste; cuántos se dirigen al segundo; cuántos se ubican en el punto del penal y cuántos se disponen para el rebote, en el vértice del área o en la medialuna.

Reconocer, además, cuántos futbolistas se quedan en la mitad del campo para marcar en ataque por un posible contrataque.

Visualizar si los atacantes cumplen con los movimientos pre-establecidos en la jugada.

A continuación, veremos algunos ejemplos diferenciando distintos aspectos: el sector del tiro libre (derecho, izquierdo o frontal); el perfil de quien ejecuta —que deriva en cómo es el tipo de lanzamiento, si abierto o cerrado—; la distancia de la infracción con la portería rival (corta, media o larga) y si se realiza o no alguna jugada elaborada en corto.

TIROS LIBRES EN CONTRA

Aquí también es importante establecer la dualidad entre lo que se puede identificar del adversario como un patrón marcado y, en consecuencia, lo que planea el entrenador para contrarrestar dichas situaciones. Los elementos a estudiar son:

Identificar los ejecutantes del oponente: quiénes son; dónde suele hacerse cargo cada uno y si lo hacen a pie abierto (con un diestro desde la derecha y un zurdo desde la izquierda) o a pie cerrado (con un diestro desde la izquierda y un zurdo desde la derecha).

Corroborar la disposición de los futbolistas del adversario en las situaciones ofensivas: con cuántos jugadores atacan; dónde se posicionan; a qué futbolistas suelen buscar con el envío al área y cuántos dejan para capturar los posibles rebotes.

Visualizar los movimientos preestablecidos de los atacantes del rival con la intención de detectar patrones marcados.

Con base en esto, también es necesario saber qué les solicita el entrenador a los jugadores del equipo para defender y contrarrestar sus acciones a balón parado:

Saber el tipo de marca que prefiere el director técnico, ya sea hombre a hombre, zonal o mixta.

En el caso de haber un marcaje hombre a hombre, se deben tener en cuenta los emparejamientos (qué jugador propio debe marcar a cada oponente) para identificar aciertos y fallas.

En el caso de haber marca zonal, hay que saber igualmente si los futbolistas tienen un orden predeterminado en el área o no; esto permite marcarlos luego, si hubo un desfasaje en las posiciones o si no hubo una buena ubicación.

En el caso de haber un marcaje mixto (es decir: algunos jugadores toman a un adversario y algunos marcan una zona), se tiene que saber de qué manera se combinan las dos variantes, considerando los puntos mencionados anteriormente.

Dependiendo de si el tiro libre en contra es desde un costado o desde una colocación frontal, hay que saber cuántos jugadores van a la barrera, quiénes son y cuál es su disposición dentro de la misma.

Además, es necesario visualizar quiénes son los futbolistas que se posicionan para el rebote (también puede ser uno solo) y quiénes son aquellos que no tienen obligaciones defensivas y se quedan en mitad del campo para un contrataque (es posible que sea uno solo o que no haya nadie).

TIROS DE ESQUINA A FAVOR

Para este tipo de situaciones se analizan los mismos puntos que para los tiros libres a favor, con algunas consideraciones diferentes:

Identificar si los dos lanzadores se posicionan en ambos lados, con uno cumpliendo la función de distraer al rival para que no sepa si el envío al área será cerrado o abierto hasta el último momento.

Observar si los lanzadores tienen la indicación de jugar en corto, tanto para que se generen movimientos en el área antes de enviar el centro como para disponer de un ataque de 2 contra 1 en la banda del tiro de esquina.

A continuación, veremos algunos ejemplos diferenciando distintos aspectos: el sector del tiro de esquina (derecho o izquier-

do); el perfil de quien ejecuta —que deriva en cómo es el tipo de lanzamiento, si abierto o cerrado— y si se lleva a cabo alguna jugada elaborada en corto.

Imagen 19

La imagen 19 muestra un ejemplo de un tiro de esquina izquierdo con dos jugadores dispuestos en el sector del saque: Luciano Ferreyra está posicionado para ejecutar con el pie izquierdo (para un envío abierto) y Emiliano Vecchio hace lo propio con el pie derecho (para que la trayectoria sea cerrada). Quien termina enviando el centro es el diestro, en una jugada preparada que involucra movimientos de los seis jugadores ofensivos en el área, arrastrando marcas para que el futbolista que se encuentra fuera del área (iluminado) llegue libre, reciba el balón sin oposición y pueda rematar a la portería.

Imagen 20

En la imagen 20 vemos un tiro de esquina desde la izquierda que ya se ha jugado en corto y hacia atrás para Lautaro Blanco, el lateral de Rosario Central, quien lanzará un centro con la pierna izquierda. La búsqueda del equipo es que los cinco futbolistas situados en el área rival realicen movimientos de desmarque y que el jugador situado en la medialuna logre desprenderse de su marcador y conectar el balón por detrás de toda la defensa.

TIROS DE ESQUINA EN CONTRA

Aquí también se busca indagar sobre los mismos puntos que en los tiros libres en contra, tanto en lo propuesto por el rival como en la manera en la que el propio equipo tiene que defender para intentar neutralizarlo.

SAQUES DE BANDA

También es relevante analizar los saques de banda. En especial porque en esos tres o cuatro segundos que normalmente se generan de tiempo muerto cuando se va a realizar uno hay un gran déficit de atención por parte de los jugadores. Si la reposición es propia, los futbolistas suelen aprovechar para descansar en lugar de buscar un desmarque u ocupar un espacio ejerciendo de apoyo para el compañero que reintroduce el balón en el cam-

po, teniendo en cuenta que hay un integrante menos dentro del terreno (ya que, justamente, la pelota la debe poner en juego uno propio). Por eso, es importante moverse para contrarrestar esa inferioridad numérica.

En cambio, si el saque de banda es del adversario, la desatención es la misma y no se toma en cuenta que se dispone de un jugador más. Por ende, si se hacen bien los movimientos y se duplica la marca cerca de donde volverá a entrar el balón, se genera rápidamente una superioridad numérica para luego progresar sobre el juego.

Por estos motivos, también hay que trabajar en estas situaciones.

PENALES

La ejecución de los tiros desde el punto del penal, tanto a favor como en contra, reviste una gran importancia, puesto que estas ejecuciones pueden definir el destino de un partido. Cuando son a favor, el analista debe saber quién es el designado para ejecutarlos y los encargados subsiguientes, en el caso de que el principal no esté dentro del campo al momento de cobrar la falta o de que no quiera hacerse cargo de la responsabilidad y la delegue a otro compañero. Además, se tienen que considerar diferentes aspectos del conjunto contrario: quién es el guardameta adversario; la eficacia que tiene al parar penales; si se trata o no de un especialista; si espera hasta el último momento antes de elegir un lado al cual arrojarse o si lo hace con anterioridad; si suele intentar condicionar o desconcentrar al ejecutante y si tiene un lado predilecto para lanzarse (en especial, considerando su lateralidad), entre otros factores.

Por otro lado, si se trata de un tiro desde el punto del penal en contra, el analista y el entrenador de porteros deben poder brindarle la información necesaria al propio guardameta sobre las características evaluadas de los ejecutantes frecuentes del rival (o del único, si hay alguien que se encarga de la gran mayoría de estos disparos). Es decir, hay que hacer énfasis en si es zurdo o diestro; si suele cruzar el remate o abrir el pie para colocar la pelota; si golpea el balón con fuerza o busca un ángulo como destino; si ejecuta por lo bajo, a media altura o hacia arriba; cuál es su porcentaje de efectividad y cómo es su carrera hacia el balón y si la modifica según las circunstancias, etc.

CAPÍTULO 6

SEMANA DE TRABAJO

Entendiendo que se jugó el domingo y se tiene un partido entre semana (miércoles o jueves), la semana comienza el lunes con las tareas posteriores a la competencia. El cuerpo técnico se junta a primera hora y el analista ya lleva los cortes de lo que dejó el compromiso anterior. El analista debe armar el informe teniendo en cuenta la forma y la metodología del grupo de trabajo. Aunque normalmente el enfoque parte de los goles y las llegadas de ambos lados (como mínimo), se pueden analizar algunas cuestiones colectivas e individuales puntuales. Con relación a lo estructural, si se emplea un software que permite codificar el partido (en vivo o no) y se tiene una nube para subir la codificación o el *taggeo* del encuentro una vez finalizado, se carga en formato HTML y se comparte tanto al *staff* como a los futbolistas. De esta manera pueden ver los informes individuales.

Las herramientas de videoanálisis permiten establecer parámetros para la codificación, con un tiempo determinado hacia atrás y otro hacia delante para grabar las imágenes. Es decir, el analista puede estirar el tiempo (suele ser entre diez y quince segundos, hacia atrás y hacia delante) desde que se presiona el botón de acción en cada una de las jugadas. Una vez finalizado el juego, eso permite tener los movimientos previos del futbolista antes de contactar el balón, así como su desempeño cuando ya lo tuvo en su poder. De esta manera, se evalúa si un jugador tenía que realizar un movimiento específico y si efectivamente lo hizo solo viendo su compacto individual sin tener que observar el encuentro entero. Esto sirve para optimizar los tiempos: quizás el analista termina centrándose en 15 minutos de video de ese resumen personal, en lugar de los 90 minutos de partido buscando las acciones de ese individuo.

Imagen 21

Normalmente, el analista es uno de los primeros —por no decir el primero— en llegar al entrenamiento el día posterior al partido ya con las acciones cortadas. Si se tuvo la oportunidad de codificar el compromiso en vivo, puede ocurrir que el mismo día del encuentro y una vez finalizado se entregue un reporte maximizado y dinámico al cuerpo técnico. Así, al menos se le facilita la visualización de las llegadas a la portería contraria y de los goles, generando que puedan irse a sus casas habiendo visto estas acciones principales en un compacto de no más de 10 o 12 minutos. En esos casos no se analiza ni se busca qué fue sucediendo en la secuencia de una maniobra, lo que sí se hace al día siguiente para empezar a preguntarse por los porqués de las situaciones de manera puntual.

A partir de ese compacto entregado al *staff*, se lleva a cabo el estudio del devenir de esas acciones relevantes: se ven las malas elecciones; las pérdidas innecesarias; las jugadas colectivas de los futbolistas que estaban en la zona de la pérdida del balón, si fueron opción de pase y si postpérdida fueron rápidamente oposición, y si la línea de fondo achicó hacia adelante o replegó (según el sistema táctico), entre otros aspectos.

Esta metodología, de empezar analizando las llegadas a la portería y los goles, tiene que ver con que es una buena manera de optimizar los tiempos de trabajo, sobre todo si se tienen partidos entre semana. Además, hay que considerar que, comenzando por estos, indefectiblemente se llegará a los demás eventos. Lo que no quita que en algún momento se analicen, por ejemplo, situaciones a balón parado en las que, aunque no haya pasado nada destacado, el analista tiene que ver cómo se tomaron las marcas o cómo se desempeñó el equipo. Pero eso dependerá de que dentro del cuerpo técnico alguien se acuerde o haya comunicación entre los integrantes para volver a esa/s jugada/s luego del compromiso.

En líneas generales, lo primero que hace el analista es buscar los factores que tuvieron injerencia para ganar o perder el partido. La mayoría de estas acciones son colectivas, mientras que algunas son individuales. También pueden ser por línea. Pero todo depende del gusto del entrenador y de cómo quiere manejar estos aspectos con el grupo: si quiere exponerlos a todos y hacer una charla grupal; si quiere organizar encuentros individuales o diálogos con los futbolistas que juegan en una posición (el que cometió el error y sus suplentes, por ejemplo) o por línea (los defensas, los mediocampistas y los jugadores ofensivas, separados en titulares y suplentes).

Si hay partidos entre semana, el analista tiene que llevar preparado un informe sobre el rival ya el lunes. Esto se divide en dos partes: la parte audiovisual que se presenta (en el que tiene que haber un mínimo de cinco partidos estudiados) y luego la referida al *big data* (es decir: material estadístico que se puede sacar de plataformas como Wyscout o InStat). En cualquiera de estas dos opciones se cruza mucha información de datos y es posible ver distintos aspectos: cómo fue el desempeño individual y el funcionamiento colectivo del adversario; cómo fueron las formaciones (si fueron variando o no); cuántos minutos jugó cada jugador; qué hacen cuando van ganando y cuando van perdiendo; si cambian el esquema; si tienen cambios preestablecidos; cómo juegan de local; cómo juegan de visitante; si hay un cambio táctico cuando van ganando y qué cambia en el partido.

Entonces, para entregarle el material al cuerpo técnico y que ellos puedan empezar a trabajar en función del siguiente oponente, se presentan patrones de juego marcados que se han visto en el análisis de esos cinco partidos (los que más se han repetido). Esa semana de trabajo se conformará, en parte, por la corrección de los errores del encuentro anterior y, por otro lado, en el comienzo de las sesiones enfocadas en función del siguiente rival.

En eso consiste el primer día, sumado a la captura de imágenes del set de entrenamiento, que en ese día inicial normalmente se visualiza a los que no jugaron el día anterior; ya que estos seguramente harán un trabajo más intenso, mientras que los que contaron con minutos en el último compromiso llevarán a cabo tareas regenerativas. Si los que realizan la actividad más fuerte son divididos en grupos, sea por línea o para hacer movimientos en espacios reducidos, el analista debe estar con dos cámaras al mismo tiempo para filmar todos los focos. Si está la posibilidad de contar con campos que tengan un domo (un dispositivo aéreo) que capture directamente la imagen, se pasa a tener la libertad de codificar tanto acciones puntuales como eventos individuales de algún futbolista que sea requerido por el director técnico.

Imagen 22

Para dejar en claro el *timing* del primer día: se llega a la práctica, se revisa el compacto del partido anterior, se entrena y el analista va capturando las imágenes de la sesión. La rutina termina cerca del mediodía.

En cuanto a la toma de imágenes de los entrenamientos, un analista puede optar por distintas maneras. La recomendación es intentar filmar todo: si el preparador físico hace una entrada en calor y organizó unas estaciones de trabajo (por ejemplo, para mejorar la potencia), entre otras cosas, se captura todo. Y eso también se sube a la nube. Si, al mismo tiempo, el entrenador de porteros lleva a cabo tareas con los guardametas, también se graban; el objetivo es realizar el trabajo con ambos al mismo tiempo. Además, puede ser que eso se replique en ejercicios de campo con el director técnico y su asistente.

Todo esto se habla previamente con el cuerpo técnico con el objetivo de poder conocer cuántas cosas hay que filmar al mismo tiempo y, en consecuencia, planear qué hacer. Es clave saber cuántas cámaras se tienen a disposición para que no quede nada sin registrar. Por esto, la comunicación es fundamental antes de

cada sesión: el analista debe preguntarle a cada integrante del *staff* qué se va a hacer en el día de trabajo.

Imagen 23

De esta forma, la organización del analista parte de la del cuerpo técnico y se genera en el momento, antes de comenzar la práctica. Esto se produce porque la programación de la semana de entrenamiento puede y suele cambiar muchas veces. Entonces, en cada jornada hay que actualizar el cronograma de trabajo que se tiene. Es mejor hacerlo con la colaboración del preparador físico, quien suele ser el integrante del *staff* que coordina el cronograma. Por esto, es fundamental mantener una estructura, un método e ir siempre un paso delante de lo requerido. Hay que prever los acontecimientos porque los cambios suceden constantemente en el fútbol.

Si es que no se dispone de un domo en las instalaciones, cuando termina el set de la sesión hay que bajar las imágenes y subirlas a la nube. Otra opción es sacar las tarjetas de memoria de las cámaras utilizadas, pasar los archivos a la computadora, colocarlos en las carpetas en las que corresponda (por ejemplo, que las actividades de los porteros queden junto con las otras imágenes de ese puesto y con la identificación de la fecha) —sabiendo qué se entrenó— y luego subir todo a la nube con el nombre correspondiente.

Puede ocurrir que se tenga la nube dividida por categorías: el primer equipo, la reserva y luego las seis divisiones siguientes. Esta es una opción siempre y cuando el *software* que se utilice permita armar las carpetas de esa manera y el material quede organizado de manera más ordenada; permitiendo el escalonamiento para que los entrenadores de cada conjunto puedan ver las prácticas de sus dirigidos y las de otros grupos. Es decir: el director técnico de la reserva puede ver lo individual y lo colectivo de su categoría y también lo de la cuarta, la quinta, la sexta, etcétera, para ir observando a qué jugador subir de escalón y cuándo hacerlo. Además, así puede comunicarse con los demás entrenadores sin tener que concurrir a las sesiones de esas categorías (no es que tiene que dejar de hacerlo, pero al menos dispone de una herramienta más).

Por razones de confidencialidad, no se realiza a la inversa. Es decir, el entrenador de una división (por ejemplo, la sexta) no puede ver lo referido a una categoría superior (en este caso, la quinta). Asimismo, los directores técnicos del primer equipo y de la reserva necesitan ver todo. También puede pasar que un cuerpo técnico quiera ver a algunos de sus dirigidos que se entrenaron en una división superior (por ejemplo, el de la cuarta con la reserva) para ver su desempeño.

De esta manera, al subir los archivos bien sectorizados por área y de forma cronológica, se termina el día de trabajo en el campo. Pero no significa que termine la jornada en sí, pues el analista no tiene horario. Para quien aún no cumpla este trabajo y esté interesado en hacerlo, es importante saber que es el asistente que más horas le dedica a la profesión. Dependiendo del equipo en el que se esté y las demandas que tenga esa institución, probablemente se duerman aproximadamente 4 horas diarias. Tampoco es viable tener un segundo trabajo, por lo que la dedicación es *full-time*.

Por eso, para ser analista hay que tener en cuenta dos cosas. En primer lugar, y principalmente, hay que saber de fútbol: entender cómo analizarlo y leerlo para luego utilizar la tecnología necesaria. Suele pasar que los alumnos que toman clases de videoanálisis quieren aprender a utilizar las herramientas (de *software*, el *big data*, etc.), y en realidad lo primero que se hace es aprender a analizar. Si no se conoce cómo estudiar el juego para después tomar decisiones de qué se debe codificar, todo lo que

se haga estará mal por más manejo avanzado que se tenga de los recursos.

En segundo lugar, hay que *aggiornarse* a los elementos tecnológicos porque el análisis tiene cada vez más propuestas desde este ámbito para trabajar. Consideramos que no es necesario incluir muchas opciones porque, de hacerlo, se corre el riesgo de confundir la idea, pero sí hay que agregar las justas y necesarias para presentar un trabajo de excelencia. Es decir, es recomendable utilizar un software para codificar (hay plataformas gratuitas) con una plantilla armada y, si es en vivo, mejor (para ganar tiempo). De nuevo, la cantidad de herramientas a utilizar depende del cuerpo técnico y de la utilidad que se le dé al trabajo.

En nuestro caso, siendo dos analistas en el equipo, empleamos un *software* para codificar (NdeR: Hudl compra Sportcout y genera la nube a finales de 2017, haciendo una copia-espejo y crea el Replay, siendo River Plate el primer conjunto que lo prueba en Argentina). Uno trabajaba con Sportcout a plano abierto y el otro capturaba las repeticiones de la televisión con Replay para trabajar en vivo durante el partido. Esto es muy útil porque, al no tener domos, este sistema proporciona los planos de la TV desde distintos ángulos; lo que permite observar las acciones cuantas veces sean necesarias en el momento y, al mismo tiempo, mandarlas al banco de suplentes para que las puedan revisar, corrigiendo errores al instante.

El día martes se empieza de la misma manera. Se entrega más información, al cruzar datos desde el *big data* para analizar al rival. Probablemente, luego de haber estudiado cuestiones propias, el cuerpo técnico solicite la observación de algo puntual del adversario para que sea mostrado ese segundo día de la semana. Para este momento, el analista ya tiene armado un reporte de entre ocho y diez minutos de los cinco partidos que visualizó; un material que sirve para la charla con el equipo. Eso lleva muchas horas de trabajo (entre dos y cuatro). Si hay que agregarle recursos de visualización al video con alguna plataforma, esto ralentiza el trabajo —porque, lógicamente, se tarda más en hacerlo—, pero a su vez le da un salto de calidad en la presentación. Esto le puede servir a algún futbolista que quizás es un poco disperso para este tipo de situaciones, ya que así puede focalizar la atención.

Luego, la semana de trabajo sigue transcurriendo de acuerdo con lo establecido por el cuerpo técnico. Hay pedidos que van desde un seguimiento individual a algún futbolista propio hasta el armado de charlas para determinados jugadores (por puesto, por línea, por proximidad en el campo de juego, etc.) al mismo tiempo que se sigue analizando al siguiente contrario. De acuerdo a lo que uno sabe del propio conjunto, se establecen algunos puntos: dónde se puede lastimar al adversario; dónde pueden ser peligrosos ellos; qué patrones de juego tienen y se elaboran conclusiones. Después, si el *staff* le da lugar al analista para desarrollar lo que vio, llega el momento de la exposición y el intercambio. Para ese momento es importante prepararse, incluso cuando se hace una presentación (informe audiovisual + reporte impreso), para mostrar cuál puede ser el once que presente el oponente, quiénes aparece como los posibles reemplazantes para cada puesto, entre otros factores. En resumen, la información obtenida a través de *big data* para que el informe sea conciso y dinámico.

De esta manera, se entrega algo pequeño o micro. El analista se queda con lo macro, listo para cuando surja alguna cuestión que no haya estado en el informe, sabiendo la respuesta y actuando de inmediato. Cabe recordar que no se deja de ser un asistente que debe lucirse cuando tiene la oportunidad de participar.

Desde ese punto, la semana de trabajo variará en función de si la charla acerca del rival se da el día del entrenamiento táctico (algo que a algunos técnicos les gusta para mostrar movimientos o situaciones a trabajar en la sesión, como la defensa de las acciones a balón parado, sin que se pierda tiempo en la explicación), si se da en el vestuario antes de jugar, en la sala de video, en una sala especial (tipo cine), etc. El analista sabe que debe ir ganando tiempo con la presentación (sea en PowerPoint o Keynote) y el reporte impreso para tener todo listo para cuando lleguen los futbolistas. Para esto hay que dedicar muchas horas, sobre todo en casa.

Imagen 24

El día del partido también es bastante metódico. Si se juega de visitante, puede que la charla se dé en el hotel antes de salir hacia el estadio. La organización vuelve a ser vital, dado que en cada cuerpo técnico hay reglas que deben respetarse, como los horarios de las comidas, los descansos y otras actividades. El analista puede pedir un permiso especial para ausentarse sin tener una multa o un castigo porque quizá no se llega a armar todo lo necesario. Por esto es que no hay tiempo para dormir una siesta en la concentración, cuando los jugadores y el resto del grupo de trabajo sí pueden.

Este ciclo, de lunes, martes y miércoles, vuelve a comenzar una vez que se termina el partido disputado entre semana. También depende de cuántos analistas haya en el cuerpo técnico: no es lo mismo si hay uno, dos o cinco porque las tareas se pueden repartir de otra forma y optimizar los tiempos. Si se compite en un proceso de domingo-jueves-domingo, se termina el jueves cuando finaliza el encuentro y se vuelve a arrancar el viernes por la mañana, cerrando el domingo al concluir el otro compromiso. Cuando hay algún período sin un juego entre semana, puede que el *staff* determine que haya un día libre, que se puede utilizar para trabajar desde casa.

El cumplimiento de horarios para el analista es relativo, pues depende de lo que quiera el cuerpo técnico. Por ejemplo, en Flamengo (en Brasil) cumplen un horario fijo de 9 horas. Pero hay entrenadores que miden el tiempo por la productividad. Algunos dan la libertad de que se pueda desarrollar la actividad desde el hogar, dado que, de esa forma y cuando es posible, se pasa más tiempo con la familia y es más fácil pasar tiempo trabajando, haciendo reportes y demás dentro de un entorno de comodidad.

Por último, la actividad en el día de partido varía de acuerdo con si se cuenta con la posibilidad de capturar en vivo, si se tiene un *software* —gratuito o pago—, si hay o no domos y con cuántas filmadoras se trabaja, entre otros factores. Normalmente, se usa una cámara con una salida HDMI para extraer la imagen y que el *software* pueda ingresarla. A través de la plantilla que la herramienta permite armar (con el once inicial, las sustituciones y las acciones elegidas para codificar), se gesta una línea de tiempo y se cruza la información de codificación que se va creando con la grabación que va ingresando en el momento para generar ventanas de código. Esto permite tener fragmentado el partido entre la primera parte y la segunda, al cortar al entretiempo y al final.

Lo mismo sucede con las acciones individuales: mientras se toca a un futbolista en la plantilla, el *software* brinda las jugadas personales de ese jugador. Se toman como parámetros el tiempo hacia atrás y hacia delante desde el momento en el que entra en contacto con el balón.

Imagen 25

Otro desperfecto que puede suceder y hay que prevenir es no disponer de antenas de onda corta ni fibra óptica. Por eso, se recomienda cortar la codificación al minuto 40 de la primera etapa, generar un archivo con determinadas acciones de juego que se sepa que el cuerpo técnico quiera ver en el entretiempo (porque lo comunicaron previamente) y que el analista (o uno de los que integran el grupo de trabajo) baje al vestuario; al disponer de una segunda computadora y un disco externo que transporte el archivo transformado a MP4, el entrenador puede ver esas acciones.

Algunos directores técnicos les muestran las imágenes a los jugadores junto con el analista, mientras que otros prefieren hacer una reunión anterior en el sector destinado al cuerpo técnico y luego les transmite el mensaje a los futbolistas de manera individual. Al mismo tiempo, puede darse que ni siquiera sea necesario bajar al vestuario porque se considera que es suficiente con transferir los recortes hacia el banco de suplentes. Esto es mejor cuando las antenas de onda corta, que tienen 11 segundos de *delay*, son reemplazadas por un cableado de fibra óptica en todo el estadio, lo que permite que los videos lleguen en cuatro segundos, lo que brinda la posibilidad de corregir al instante.

Imagen 26

CAPÍTULO 7

PRETEMPORADA

En la etapa de preparación, que suele durar entre 12 y 15 días, la parte comunicacional es fundamental, más allá del organigrama que entregue el preparador físico con los horarios de trabajo y las actividades de cada día. También depende de la cantidad de analistas que haya en el cuerpo técnico, dado que esto sirve para determinar si las labores son el doble de arduas que en el día a día de la temporada (porque hay un doble turno de entrenamiento casi todos los días). Entonces, se reducen los tiempos para la edición y el análisis posterior a las prácticas —o un amistoso, si es que hay—, por lo que el diálogo se vuelve fundamental. ¿Por qué? Porque surgen cambios en la planificación por distintos motivos. Por ejemplo, si hubo lesionados, se adelanta un día libre para también reducir el cansancio de los futbolistas.

Entonces, esos turnos sin actividad —que suele haber en una pretemporada— tienen que ser aprovechados para recuperar el tiempo, si se está atrasado en algo, o para ponerse al día, si es que hay que hacerlo. Para las sesiones, la rutina se mantiene igual que en el resto del año: se establece una cámara para los ejercicios propuestos por el preparador físico, una para el entrenador de porteros y otra para los trabajos técnico-tácticos en el campo del director técnico (en esta parte puede que se necesite filmar más de un ejercicio, si el grupo queda dividido).

Lo especial en una etapa de preparación es que quizá se hacen cosas que normalmente no se llevan a cabo durante la competencia: tareas preventivas con los fisioterapeutas, ejercicios en conjunto con ellos en los que se hacen capturas de cada futbolista con múltiples cámaras. Si se cuenta con una plantilla de 30

jugadores aproximadamente, hay que tener en cuenta que para estos trabajos se solicitan diferentes tomas de distintos ángulos (laterales y frontales) para ver los movimientos de cada jugador. Luego se recopilan las imágenes, se las pone en carpetas y se entrega el material al departamento de fisioterapia.

El analista no debe hacer un seguimiento de eso, aunque sí está obligado a guardar un *back up* por si se pierde ese material o por si durante la temporada le piden algo referido a un jugador que se haya lesionado (en este caso, es posible verificar si el futbolista venía mal desde la preparación, así como identificar alguna causa de la lesión). Además, se puede trabajar con una cámara de fotos para registrar movimientos o posturas con imágenes quietas con una cuadrícula de fondo; lo que permite observar si un hombro está más caído que el otro, entre otros detalles, para que después los fisioterapeutas puedan manejarse con ellos durante todo el año. Este tipo de cuestiones se realizan mayormente en una sola pretemporada, la del principio del año, para que en el resto de la campaña los especialistas estén en condiciones de desarrollar sus funciones de manera preventiva.

Por otro lado, puede que el analista deba trabajar mucho con el equipo de neurociencia (si es que el club cuenta con un departamento específico) porque en la etapa de preparación es cuando más se concentran estos trabajos; en la temporada no se utilizan tanto porque los tiempos suelen ser muy cortos. Es fundamental registrar todo lo que se hace: la persona licenciada cumple su labor a partir de la revisión de los videos, al apreciar cómo trabaja cada futbolista y cómo reacciona cada uno a los diferentes estímulos; desde ahí, puede nivelar y potenciar diferentes cuestiones en cada uno.

Cuando concluye el primer turno, lo normal es llegar al hotel para bañarse y almorzar. Después, hay un horario para la merienda y para la salida hacia la segunda práctica del día. Entre el almuerzo y la salida al segundo turno, el cuerpo técnico y los jugadores normalmente duermen la siesta. Sin embargo, el analista no tiene esa posibilidad: debe poner manos a la obra en la edición de las imágenes que se tomaron en esa parte inicial de la jornada, ya que, en el caso de no hacerlo, el material se acumula y no termina siendo productivo ni prolijo para su almacenamiento.

Se puede optar por pedirle a cada entrenador (director técnico, preparador físico, entrenador de porteros, etc.) que, al finalizar cada entrenamiento, graben un fragmento frente a la cámara en el que especifiquen en qué se enfocaron. De esta manera, es posible ver toda la sesión y luego poner el nombre de lo realizado (Por ejemplo, "Trabajo de potencia en el tren inferior"—PF) para almacenarlo con la fecha y el turno que corresponde; de esta forma, queda cargado de manera cronológica. Es una manera de ganar tiempo, porque hay que tener en cuenta que quizá con la misma cámara —y memoria— que se filmó la actividad del preparador físico también se pueden llegar a grabar las del entrenador en el terreno de juego. Entonces, se tiene todo el turno en dos tarjetas de almacenamiento.

Cuando se termina esto, si es que no se estuvo capturando en vivo y solo se tomaron las imágenes, se guarda todo en la oficina con cada ejercicio en su ubicación correspondiente (para lo físico, lo realizado en el campo, lo de los porteros, lo de neurociencia, etc.) y a continuación se pone todo en una línea de tiempo. Finalmente, se incorpora una portada prolija con el escudo del club y los datos correspondientes (Por ejemplo, "Pretemporada — Día 1 — Turno mañana — Táctico — Ejercicios de definición").

Luego la rutina se vuelve cíclica y repetitiva: se va al segundo turno, en el que quizá el preparador físico ya no plantea actividades tan intensas (por ejemplo, con una entrada en calor, lo que ya no se filma), la neurociencia ya no tiene lugar y el entrenador de porteros tampoco forma parte de la programación (siguiendo con el caso anterior, porque se suman al calentamiento).

Entonces, el analista ya se enfoca en lo táctico. Hay más tiempo para colocar las cámaras, comunicándose con el cuerpo técnico para saber qué va a hacer cada integrante y en cuántos grupos se divide la plantilla. Además, hay que verificar por dónde cae el sol al atardecer para que no le dé de frente al lente. Yendo más allá, y si se tiene confianza con el *staff* y este brinda la posibilidad de tener injerencia en el armado de los espacios, es posible charlar con el utilero —quien en general distribuye los sectores con una cinta que delimita el margen para los reducidos— y pedirle que arme el campo del lado en el que se pueda tener una mejor visión (o el plano quede mejor, sin que moleste el sol).

Una vez que dentro del cuerpo técnico se ha ganado la posibilidad de decidir este tipo de cuestiones, esa es la injerencia de un analista en el terreno. Aun así, puede que se permita esa libertad de decisión y que igualmente no queden bien los planos. Es en estos casos que se ve la inventiva de cada analista para resolver en el momento. Por esto es necesario saber cuántos grupos van a ejercitarse y cuántos bloques habrá para saber si es posible filmar todos los sectores a la vez o si hay que ir cambiando y

variar la posición en diferentes bloques. Lo obligatorio es que el entrenamiento quede perfectamente filmado, ya que puede ser que el *staff* quiera ver acciones individuales o colectivas una vez terminada la sesión. Eso tiene que poder verse en las imágenes.

Por otro lado, una recomendación es estar en el predio en el que se entrena media hora antes de cada práctica. Por más que eso implique ir solo y avisarle a la gente de seguridad (en un club esto es importante) y también al cuerpo técnico, es útil para colocar las cámaras donde deben estar e ir ganando tiempo.

Concluido el turno tarde, se vuelve al hotel para bañarse, merendar y, en las dos o tres horas que hay hasta la cena, aprovechar para editar. Si no se llegó a terminar, se continúa después de comer. Esto demuestra lo agobiante que puede ser el trabajo del analista, que debe vivirse con mucha pasión. Es fundamental mantener un alto nivel de atención para detectar los detalles y brindarlos en cada área, ya que luego cada integrante trabajará a partir de estos. Si uno se desempeña "así nomás", no llega al estándar que corresponde.

Este día de trabajo se replica durante todos los de la pretemporada. Lo único que puede cambiar es que en las jornadas en las que haya un turno libre se incluya, a la noche, alguna charla de video para mostrar lo que fue el semestre pasado. Además, en estos momentos hay que aprovechar para observar y estudiar mucha información obtenida de *big data* para comparar situaciones del propio equipo e ir corrigiendo errores pasados. Son cuestiones que no se pueden desarrollar durante la competencia porque no dan los tiempos.

CAPÍTULO 8

DEPARTAMENTO DE METODOLOGÍA

¿QUÉ ES EL DEPARTAMENTO DE METODOLOGÍA?

Es el ente que regula distintos sectores en pos de la mejora del jugador teniendo como objetivo potenciar los recursos del club. Este departamento realiza la interconexión entre las áreas de técnica individual, preparación física, neurociencia, videoanálisis, nutrición, medicina y fisioterapia, todas ellas de vital importancia para maximizar el rendimiento.

Cada sector está a cargo de profesionales específicos que se mantienen comunicados constantemente, debido a que forman parte de la integralidad del futbolista. Asimismo, todos reciben la información brindada por el analista, quien obra de mediador, y tienen que alinearse según los objetivos planteados por la entidad. Por esto, no solo se evalúa a los jugadores, sino también cada encargado de las distintas áreas. Se debe a que, si no se encuentran alineados al proyecto, pueden causar una desconexión y una incoherencia en la metodología. Si esto sucede y no están en condiciones de realizar sus tareas bajo las directivas trazadas, deben ser apartados de su cargo.

EL APORTE DEL VIDEOANÁLISIS A LAS DISTINTAS ÁREAS

La misión del analista dentro del departamento de metodología es ayudar a potenciar las fortalezas de los futbolistas y, a su vez, corregir sus errores y mejorar sus debilidades. El objetivo siempre es nivelar hacia arriba.

El plan de acción comienza con un relevamiento de los jugadores con los que cuenta el club. Luego se le solicita a cada área un informe de cada uno de ellos. Por ejemplo, el área de preparación física provee los resultados individuales del test de Cooper o de otra prueba realizada. La continuidad del trabajo consiste en ir actualizando año a año dichos informes, de modo que se puedan comparar con los anteriores para reconocer los puntos en los que el futbolista ha bajado su rendimiento, así como sus mejoras en otros aspectos.

De esta forma, el engranaje que presenta el videoanálisis dentro del departamento de metodología genera un ciclo que consta de cuatro etapas: un diagnóstico del jugador, en el que se encuentran los puntos a mejorar; una comunicación con el área pertinente para su desarrollo; una resolución —o no— de dicha/s debilidad/es y la observación, en las nuevas codificaciones, de si ese futbolista creció o mantiene esos las mismas falencias.

Generar una base de datos, entonces, permite tener una extensa cantidad de información sobre cada integrante de la plantilla. Para esto, se forma un documento que consta de las apreciaciones que se visualizan en la imagen 27.

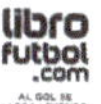

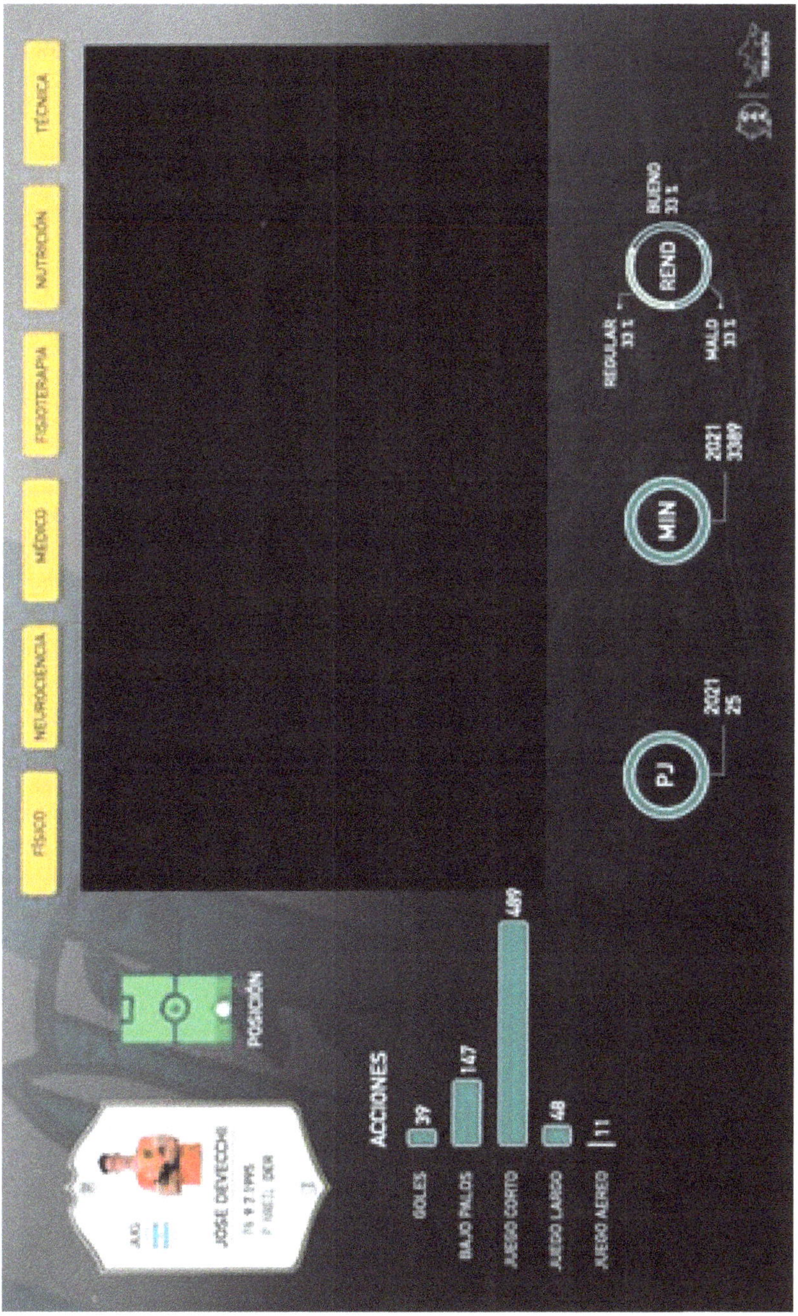
TÉCNICA
NUTRICIÓN
FISIOTERAPIA
MÉDICO
NEUROCIENCIA
FÍSICO
JOSÉ DEVECCHI
POSICIÓN
ACCIONES
GOLES
BAJO PALOS
JUEGO CORTO
JUEGO LARGO
JUEGO AÉREO
39
147
48
11
PJ
MIN
REND
BUENO
REGULAR
MALO

Imagen 27

En este caso, el ejemplo es de un portero, José Devecchi, con sus acciones específicas correspondientes: juego aéreo; juego largo; juego corto; desempeño bajo los tres palos y goles recibidos. Como se aprecia en la imagen 27, el perfil tiene otros componentes con distintas funciones.

En la parte derecha, que aparece en negro, se muestra un video corto del jugador en el que uno puede identificar parámetros que resultan interesantes y se quieran exhibir. Por debajo aparecen distintas estadísticas: partidos jugados (PJ), minutos (Min) y rendimiento (evaluado en el porcentaje de acciones buenas, regulares o malas). Una vez cargados a lo largo del año, estos datos sirven para contrastarlos con los de las siguientes campañas. De esta manera, se ven claramente los progresos o las regresiones con las comparaciones adecuadas del caso.

Estos parámetros surgen de un cuestionario previamente elaborado por el departamento de metodología, en el cual se les pide a los profesionales a cargo de las plantillas que evalúen a sus futbolistas como bueno, regular o malo en distintos rubros analizados. Por ejemplo, un jugador puede ser considerado como "bueno" para el segmento "juego aéreo defensivo" y, a su vez, catalogado como "malo" para su desempeño en el apartado de "control con la pierna inhábil".

En las pestañas que aparecen en el marco superior, de color amarillo, se carga toda la información pertinente al área establecida. Entre ellas se encuentran las áreas: física; de neurociencia; médica; de fisioterapia; de nutrición y de técnica. Los datos recolectados se amplían y son transformados en otros más precisos, convirtiéndose en elementos muy valiosos para el desarrollo de cada futbolista, como vemos a continuación.

ESTATURA: 188 CMS.
ANTROPOMETRÍA
90kg
72kg
54kg
36kg
18kg
2kg
ENE FEB MAR ABR MAY JUN JUL AGO SEP OCT NOV DIC
Peso
M. Adiposa
M. Musc
OTRAS MEDICIONES
40
32
24
16
8
0
ENE FEB MAR ABR MAY JUN JUL AGO SEP OCT NOV DIC
I M/O
Suma 6 Pliegues
PORCENTAJE MUSCULAR / ADIPOSO
50kg
40kg
30kg
20kg
10kg
2kg
ENE FEB MAR ABR MAY JUN JUL AGO SEP OCT NOV DIC
M. Adiposa
M. Musc
DISTANCIA / Pallier
0
YOYO TEST

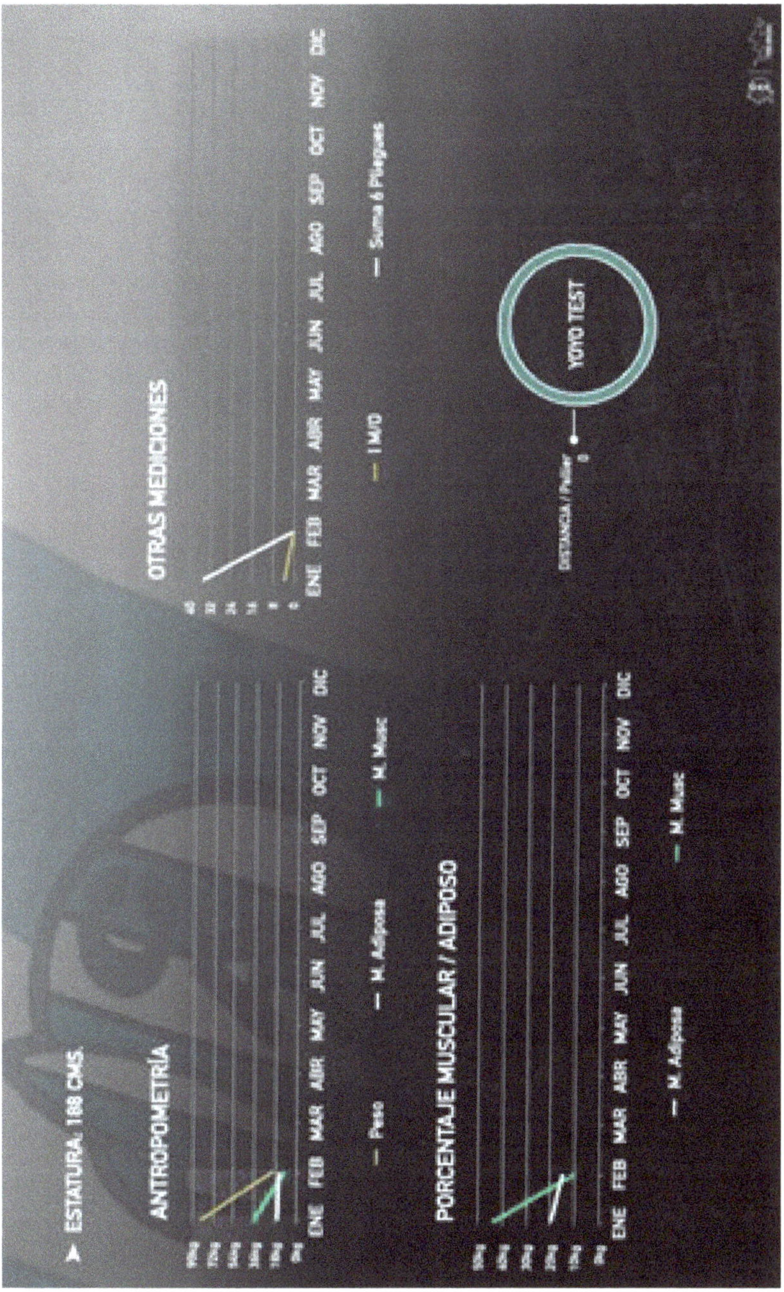

Imagen 28

En la imagen 28 vemos datos antropométricos: el porcentaje muscular/adiposo y otras mediciones aparecen en gráficos que muestran el progreso o la regresión a lo largo de los meses. Además, hay otro que refleja su rendimiento en una prueba física como el Yo-Yo test.

Otro formato de desarrollo, en este caso provisto por Sportcout, genera una ventana de código debido a que los datos presentados en el ejemplo anterior son editables mediante una tabla de Excel. Los números distintivos del futbolista son los que se puede observar de color amarillo en la imagen 43, que se pueden cliquear para visualizar las gráficas referidas a ese parámetro. Por ejemplo, puede servir para ver los goles del jugador, solo hay que dirigirse a la columna de "ofensivo" y apretar en "goles", lo cual redirige a un compilado de estas acciones.

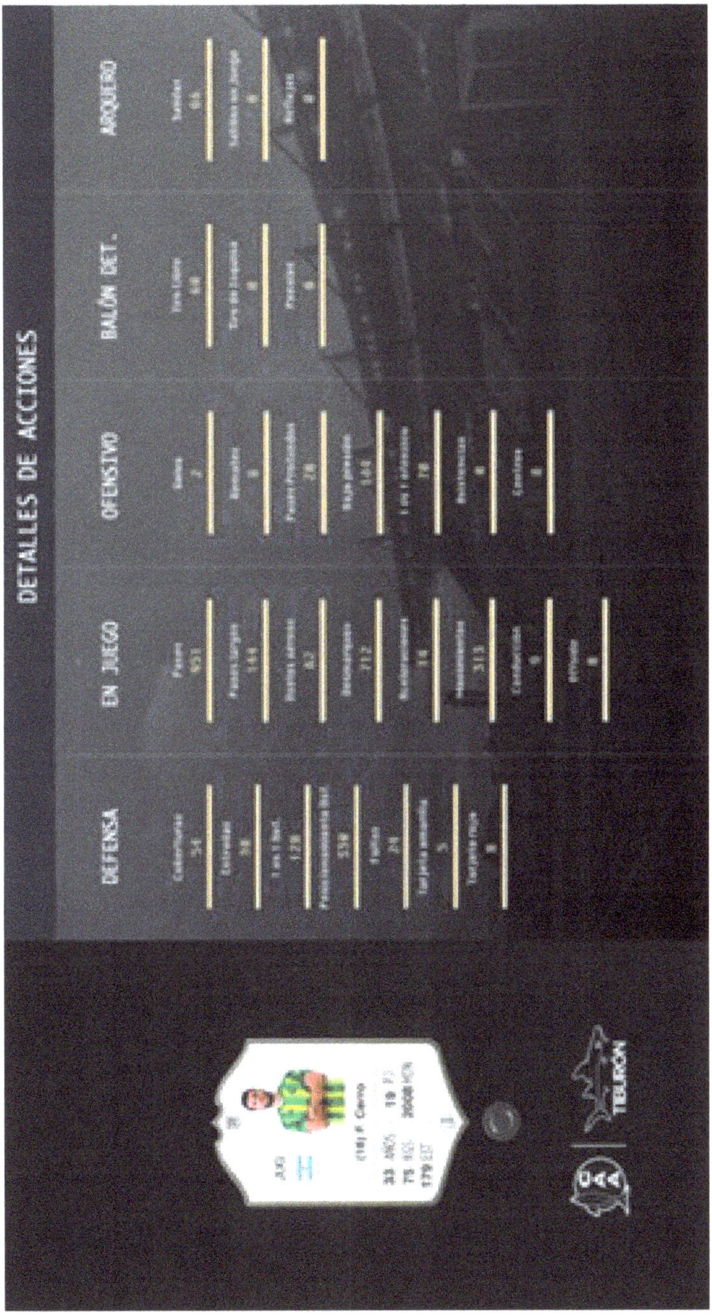
DETALLES DE ACCIONES
DEFENSA
EN JUEGO
OFENSIVO
BALÓN DET.
ARQUERO
TIBURÓN

Imagen 29

Por otro lado, también se puede disponer de un gráfico de test de salto, que se divide en tres columnas: indican el tipo de elevación estudiado, el indicador que evalúa y el valor resultante del ejercicio.

TEST DE SALTOS

SALTOS	INDICADOR	VALORES
CMJ	ALTURA MÁXIMA (cm)	-
CMJ	VELOCIDAD (m/seg.)	-
ABK	ALTURA MÁXIMA (cm)	-
ABK	VELOCIDAD (m/seg.)	-
CMJ Dcha.	ALTURA MÁXIMA (cm)	-
CMJ Izq.	ALTURA MÁXIMA (cm)	-
Asimetría	%	-
IC	ÍNDICE DE COORDINACIÓN	-
MJ	ALTURA MÁXIMA (cm)	-
MJ	ALTURA MEDIA (cm)	-
Q	ÍNDICE Q	-
IF	ÍNDICE DE FATIGA	-

Imagen 30

Con estos datos, al igual que en el caso anterior, la base de datos busca obtener la información más amplia y, a la vez, más precisa del jugador. Luego todo eso se emplea para tomar decisiones acerca de su futuro. Por ejemplo, en el caso de los futbolistas de Primera División, la información recolectada sobre su progreso o regresión puede ser un factor determinante a la hora de decidir si renovar un contrato, acordar una cesión con otro conjunto, etc.

ÁREA DE TÉCNICA INDIVIDUAL

Dentro de la secretaría técnica, este sector se caracteriza por trabajar, como bien indica su nombre, en la capacidad con el balón de los jugadores del club. Esto implica tener en cuenta factores como la posición corporal para cada uno de los movimientos pertinentes en el fútbol; el uso adecuado de los perfiles según indique la situación de juego (como puede ser un golpeo con la pierna correcta); los controles ante un pase recibido; la ejecución de un envío corto, de uno largo, de un centro o de un remate a la portería; el gesto adecuado para impactar la pelota con la cabeza y el correcto uso corporal para el marcaje individual, las barridas, las intercepciones, entre otros aspectos.

El objetivo de este departamento es, fundamentalmente, corregir errores técnicos de los futbolistas. Para poder trabajar adecuadamente, el analista debe aportarle información relevante al coordinador del área de técnica individual mediante los videos personales, ya codificados y archivados, en los que se evidencien esas carencias que hay que ajustar o pulir para potenciar al jugador. Por ejemplo, si se encuentra un patrón común en el que alguien reiteradamente y en distintos partidos realiza los pases cortos con la cara externa, restándole precisión al impacto y exigiendo a su compañero, hay que elevar un reporte a este sector para que el deportista en cuestión realice ejercicios relacionados con el correcto uso del pie en situaciones de envíos cortos, generándole el hábito y acostumbrándolo a ejecutarlos con cara interna.

Estos parámetros que el analista debe observar para alertar al encargado del área, en cuanto a qué se debe mejorar y qué se debe potenciar en cada futbolista, pueden ser entregados de forma cualitativa o cuantitativa. En el primero de los casos, lo que se hace es codificar las prácticas y, al observar una característica en particular, como un control del balón, en otro dispositivo (por ejemplo, una *tablet*) se toca un botón con dicha característica; al hacerlo, se despliega otra ventana con las opciones de la pierna con la que se ejecutó esa acción, si la "izquierda" o la "derecha", lo que al ser activado genera otra pantalla en la que queda elegir si el resultado fue "bueno" o "malo". Esto genera un archivo que puede ser almacenado, y así con cada uno de los eventos de cada integrante de la plantilla. De esta manera, luego del entrenamiento, con todos los registros ya clasificados es posible hallar el apartado individual de cada uno para visualizar, por ejemplo, todos los primeros toques satisfactorios con el pie derecho de un mediocampista.

Con todo esto codificado, guardado y analizado, se le comunica al coordinador del área cómo se desenvuelve un futbolista en ese ámbito. En cambio, si se quiere hacer una presentación cuantitativa, lo que se realiza con anterioridad a la observación es elaborar una escala (del 1 al 5 o del 1 al 10 son las más comunes) con la cual se observa al jugador y se le asigna un número según su desempeño.

ÁREA DE PREPARACIÓN FÍSICA

De vital importancia en el fútbol actual, este sector se encarga de elevar los informes de las evaluaciones —tanto de campo como de laboratorio— que se les realizan a los futbolistas: si bien existe una gran batería de pruebas físicas por las que pasan los jugadores, las más comunes y frecuentes en la práctica deportiva son el test de Cooper (de resistencia aeróbica), el test de Bosco (de saltos) y el Yo-Yo test (de Vo2 máximo). A estos elementos se agrega un elemento tecnológico muy importante y ya instalado desde hace años en el fútbol: el GPS, con todos los datos que proporciona. Se trata de un dispositivo "de bolsillo" que se inserta en un chaleco deportivo que utilizan los futbolistas tanto en los entrenamientos como en los partidos. A los preparadores físicos les permite acumular información como, por ejemplo, la cantidad de kilómetros recorridos en un encuentro.

ÁREA DE NUTRICIÓN

En estricta relación con la preparación física, este sector se encarga de proveer información con respecto a la altura, el peso, el índice de masa corporal (IMC), el índice de hidratación, el índice graso y las medidas de los pliegues de cada futbolista. Se establecen parámetros en los que cada uno tendría que estar por sus características para luego medirlos con una frecuencia adecuada para ir viendo mejoras y corrigiendo desfasajes en alguno de los números. Además, se les suelen dar dietas (entendiéndolas como sinónimos de planes de alimentación) acordes a la optimización corporal con la cantidad de calorías sugeridas para bajar, mantener o aumentar el peso, según sea el caso.

ESTATURA: 188 CMS.
ANTROPOMETRÍA
90kg
72kg
54kg
36kg
18kg
0kg
ENE FEB MAR ABR MAY JUN JUL AGO SEP OCT NOV DIC
Peso
M. Adiposa
M. Musc
OTRAS MEDICIONES
40
32
24
16
8
0
ENE FEB MAR ABR MAY JUN JUL AGO SEP OCT NOV DIC
I M/O
Suma 6 Pliegues
PORCENTAJE MUSCULAR / ADIPOSO
50kg
40kg
30kg
20kg
10kg
0kg
ENE FEB MAR ABR MAY JUN JUL AGO SEP OCT NOV DIC
M. Adiposa
M. Musc
DISTANCIA / Metros
1800
YOYO TEST
VELOCIDAD km/h
15,6
VELOCIDAD m/seg
4,3
TIEMPO min.
14,6
Perfil
-1,2
DISTANCIA / Pallier
18,2

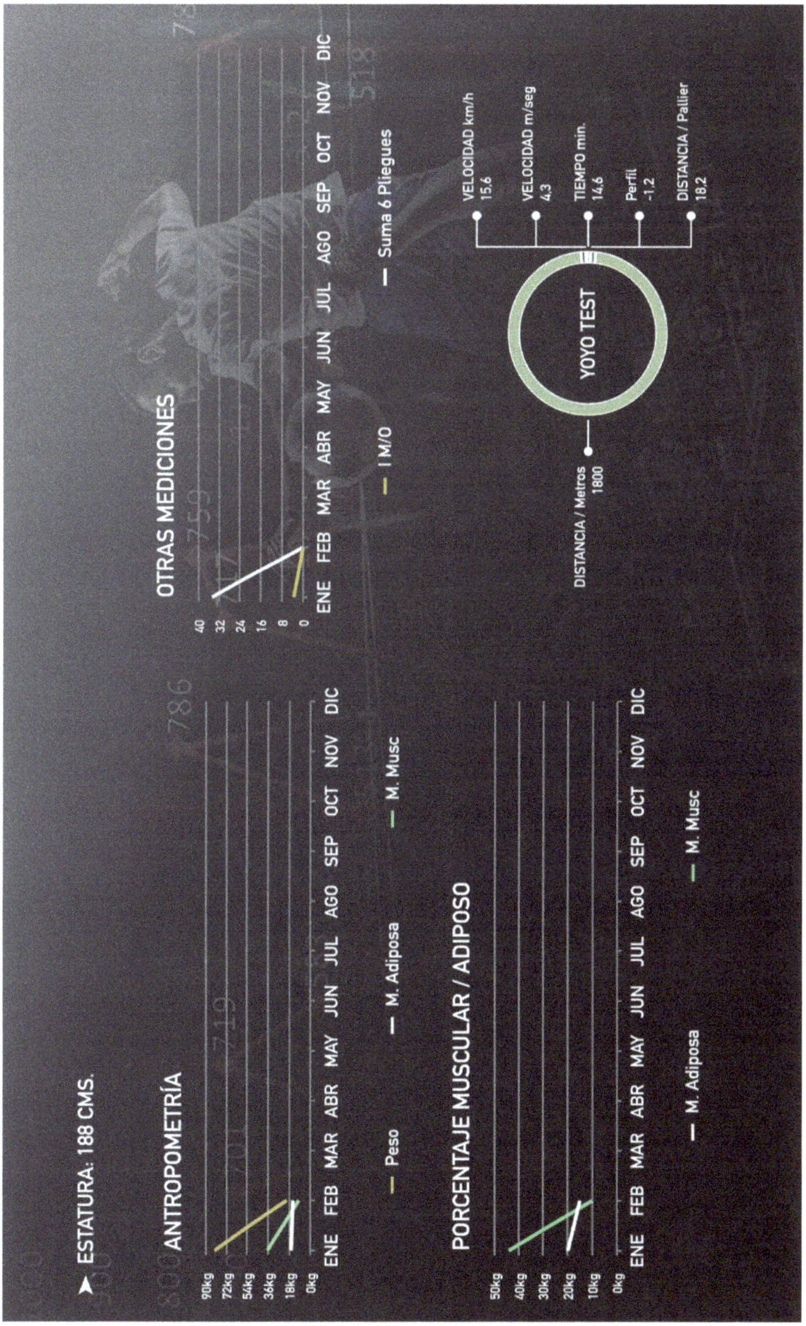

ÁREA DE NEUROCIENCIA

Surgidas desde el campo de la psicología, las neurociencias permiten medir cognitivamente a los futbolistas. Relacionado con este ámbito, en el fútbol actual hay un concepto del que se habla mucho y es cada vez más importante para definir a un jugador: la toma de decisiones. Existen muchas maneras de trabajar el área cognitiva, ya sea en estudios cerrados o en el campo.

Para ejemplificar, las actividades del primer tipo suelen hacerse con *tablets*: cada jugador tiene ejercicios para elegir entre distintas opciones, así como otros de memoria y rapidez visual o táctil. En el caso de la segunda variante, se suelen llevar a cabo tareas de velocidad de reacción ante un estímulo visual o auditivo (o ambos) para luego tomar una decisión. Es frecuente la utilización de luces de colores que se encienden en un momento determinado y le indican un patrón al futbolista (si se prende la verde, hay que efectuar un remate cruzado rasante, por ejemplo). Si no se cuenta con esta tecnología, lo más común es reemplazarlo por conos de distintos tonos y con el entrenador marcando el comienzo de la actividad y qué hacer ante cada evento, por lo que también se trabaja tanto la memoria como la velocidad de reacción.

Otra situación muy frecuente se vincula con el ejercicio de colores en espejo: consiste en una disposición intencional de chinos de diferentes tonos ordenados en forma de rombo, los que el jugador debe visualizar en un lapso (5 segundos, por ejemplo) para después realizar una conducción de balón hacia otro lado; allí se encuentra una serie de conos desordenados, los que debe acomodar de la misma forma que estaban los anteriormente observados, pero en espejo.

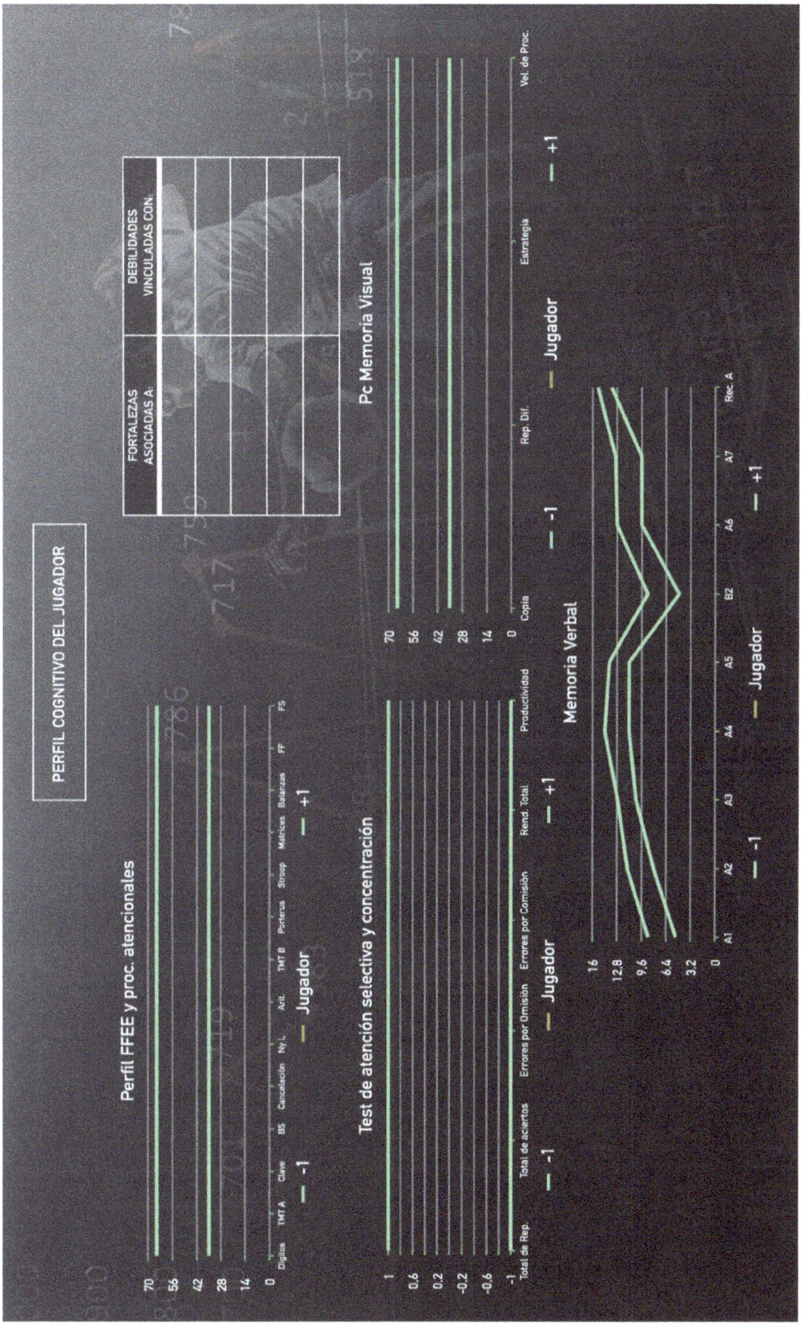

PERFIL COGNITIVO DEL JUGADOR

Perfil FFEE y proc. atencionales
70
56
42
28
14
0
Digitos   TMT A   Clave   BS   Cancelación   Ny L   Arit.   TMT B   Porterus   Stroop   Matrices   Balanzas   FF   FS
-1   Jugador   +1

FORTALEZAS ASOCIADAS A:
DEBILIDADES VINCULADAS CON:

Test de atención selectiva y concentración
1
0,6
0,2
-0,2
-0,6
-1
Total de Rep.   Total de aciertos   Errores por Omisión   Errores por Comisión   Rend. Total   Productividad
-1   Jugador   +1

Pc Memoria Visual
70
56
42
28
14
0
Copia   Rep. Dif.   Estrategia   Vel. de Proc.
-1   Jugador   +1

Memoria Verbal
16
12,8
9,6
6,4
3,2
0
A1   A2   A3   A4   A5   B2   A6   A7   Rec. A
-1   Jugador   +1

ÁREA DE MEDICINA

Aquí se tratan los valores médicos que poseen los futbolistas de acuerdo con los distintos análisis que se les realizan, como chequeos de rutina, análisis de sangre y orina, etc. Además, se evalúan las distintas lesiones producidas por la actividad deportiva y se establece una interrelación con el área de fisioterapia para la recuperación de las mismas.

ÁREA DE FISIOTERAPIA

Justamente, en este sector se trata la recuperación de las lesiones producidas en los entrenamientos y/o partidos, como pueden ser las distenciones, las contracturas, los desgarros, etc.

Para finalizar, aunque no por ello sea menos importante, paralelamente al desarrollo de estas áreas, el analista se nutre de los distintos informes individuales de cada jugador que le entregan año a año cada director técnico de cada categoría (de la reserva a la novena división). Estos reportes consisten en una planilla básica con 18 puntos de diferentes características a evaluar de cada futbolista: el entrenador tiene que completar con la calificación de "bueno", "regular" o "malo".

Esto se lleva a cabo todos los años, por lo que, al siguiente, como cada futbolista pasa de categoría (los de la Novena División suben a la octava, y así sucesivamente) y se encuentra con un director técnico diferente, este mismo deberá realizar el mismo informe de cada jugador que recibe. Así, el analista puede comparar el reporte de cada juvenil en un año y en el siguiente para poder detectar tanto si mejoró o no en los puntos en los que fue calificado como "malo" o "regular" como si se mantuvo o bajó en los que fue evaluado como "bueno". Luego se actúa sobre cada caso.

AGRADECIMIENTOS

A mi familia, por el apoyo incondicional ante tanta dedicación laboral y en la realización de este libro. A Lucas Román Bentolila, por haber llevado adelante la metodología y la estructura del texto. A Sebastián Mardones, por la edición de fotografías y videos. A Rodrigo Yañez, por su colaboración en este mismo aspecto. A Ezequiel Bernal, por la realización de la parte histórica. A Diego Vilches y Pablo Susvielles, por sus aportes en big data, inteligencia artificial y análisis de datos. Y a la comunidad del fútbol en general, por permitirme desarrollar este trabajo que apunta a profesionalizar aún más un área tan trascendental actualmente como la del análisis de video.

SOBRE EL AUTOR

Gabriel Gómez Stradi es graduado como Director Técnico de Fútbol. Director Deportivo e Inteligencia Artificial aplicada al Fútbol. Actualmente a cargo del Departamento de Metodología Club Atlético Aldosivi (Argentina). 2014 a 2019 analista Club Atlético River Plate (Argentina). 2021 analista del entrenador Fernando Gago.

9 789878 943329